怎样
当领导

林祥源
林华敏
合著

潘星华 · 盛耿捷
合译

世界科技出版公司　　ICP 伦敦帝国学院出版社

作　　者　林祥源　林华敏
译　　者　潘星华　盛耿捷
企划编辑　潘国驹
责任编辑　盛耿捷
封面设计　林华敏
排　　版　李丽芳
出　　版　世界科技出版公司
发　　行　世界科技出版公司
印　　刷　金合利印务私人有限公司
初　　版　2014年11月
国际书号　978-981-4644-88-4 (hc)
　　　　　978-981-4644-89-1 (pbk)

谨以此书
献予

贤妻洁怀
先慈玛丽
吾妹丽金

是您们让我感悟教师的心灵非比寻常

目录

目录

评价 xi

鸣谢 xxv

序言 xxxiii

前言 xxxix

第一部：老师 **1**

第一章：我的老师 5

第二章：机会与义务 19

第三章：从实践中学习 27

第四章：通往成功的制度 59

第五章：治国之道与21世纪的公共服务 85

第六章：文化与价值观 115

第二部：领导 **147**

第七章：领导力 151

第八章：精益求精 165

第九章：在位领导力 191

第十章：个人领导力 215

结语 **235**

是领导也是老师 237

挑战篇

一、以自己为荣 xlvi
二、竭尽所能　表现最好 14
三、以尊严与自豪打造人生 22
四、从实践中学习 54
五、想了再想　不停地想 80
六、精益求精 110
七、学习成为乐团中的一分子 144
八、随时为将来做好准备 160
九、知道自己要往哪儿走 186
十、看人好的一面 210
十一、将心比心 232
十二、相信总有更好的办法 248

附录 **251**

寒门出贵子 253
——林祥源的故事
潘星华

一位校长眼中的林祥源 265
冯焕好

评价

评价

“这本书高度原创、别树一帜，不管你从事任何行业，阅读这本书都能让你获益良多。书中充满真知灼见，对成功领导学有着独到见地。他推崇无私精神才是人类未来生活的重点，他提醒我们生活与历史息息相关，他无惧地坚持追求卓越、精益求精。遍观世界各国的公务员，林祥源可说是当中的佼佼者。读完此书，你会同意我的说法。”

美国原联邦参议员、艾伦公司董事经理

比尔 · 布拉德利

“《怎样当领导》从理论、原则和经验各方面，对领导学作了精彩缜密的诠释。作者林祥源原是新加坡公务员首长，在新加坡成就非凡、备受敬仰。修读政治与公共政策的学生，以及渴望当领导的朋友，不能错过此书。

诚如作者所言，这本书‘一部分是个人传记、一部分是评论、一部分是阐述’，它蕴涵深刻见解，教你怎样去和人合作，怎样应对现实，也教你怎样去推动机构达成目标、预判变革和确保与时俱进。

新加坡怎样能在这么短的时间里，以贫乏的资源创造出如此大成就？这是不少人百思不得其解的。阅读了此书，会明白正是有了像林祥源这样的公务员，促成公共服务与当政者合作无间，才种出了丰硕果实。

林祥源在书中生动描写了自己的职场经历：从最初在污水处理部门当一名工程师，到出任李光耀总理的首席私人秘书，之后与副总理兼国防部部长吴庆瑞博士共事，而后接连出任国防部、教育部及财政部的常任秘书。他详细叙述新加坡领袖们对他富启发性的指导与启示，重新审视了什么才是真正的领导学。他后来继续出任新加坡经济发展局主席与新加坡政府投资有限公司的集团总裁。这家公司主理新加坡的财富基金。

我从来没有读过一本书，能像这本书那样，对领导人的功能进行如此简练而且实事求是的解析。新加坡的大学，乃至世界上任何一所重点大学，都应把这本书列进大学生必读书单。”

新加坡科技设计大学李光耀创新型城市中心主席

陈庆珠教授

“《怎样当领导》这本书提醒我们，我们的所作所为不只是为了自己，也是为了子孙后代。书中蕴藏的智慧源于作者的丰富经验，他指导我们放眼未来，同时不忘与现实接轨。林祥源是一位卓越的导师，本身便是此书的楷模和榜样。书中虽然提供了略读指南，我还是建议读者将此书读完，去真正了解他的想法，看看他创意式的领导学怎样让公务员变为国家倚重的一员。”

新加坡校长学院院长

陆宝琴

“这本书太棒了……一开始读，就让人爱不释手。书中见解独到，内容生动有趣，值得大力推广。上自商业领袖，下至家庭主妇，各界人士都能从中体会到非常实际的智慧。作者根据价值观和文化，还有亲身经历的各种艰难抉择，为领导学制订出一个框架。

林祥源在新加坡的发展历程，作出了杰出的贡献。他和同僚的能力、动力及愿景的结合，显然就是为什么新加坡和李光耀先生能取得重大成就的一大原因。阅读此书，能带你深入了解新加坡。”

英国高盛国际副主席

福雷法赫格利菲斯勋爵

“林祥源曾参与新加坡政府最高层的领导与管理工作。任何领袖都会希望有他在身边，提供咨询、建议、引导和提醒。虽然我们无缘在他身边受教，有了这本书，书中载满了他多年累积的经验和启示，让我们有幸能从文字，分享他的智慧。

十多年来，我经常在哈佛大学肯尼迪政府学院的‘有效实施’课程引用林祥源在管理学上的智慧，他独到的见解显然能经得起时间考验。随着此书出版，我会从中引用更多。我的学生也和我一样，非常感激他。”

美国哈佛大学肯尼迪政府学院公共政策客座讲师

肯尼迪政府学院“有效实施”课程开办人

弗朗西斯·哈特曼

“学者往往认为自己就像寺庙里的和尚，独自修行。林祥源这本书告诉我们，相比一个人单打独斗，真正的领导人能通过集体协作，取得更大的成就。

这本书由一名杰出的领导学实践家，记录了他的经验及反思。他曾多次在新加坡公共服务部门出任高职，是一位表现极为卓越高效的公务员。新加坡政府不断让他在不同的部门担任高职，就证明了他的能力出众。在一个任人唯贤的社会里，惟有功绩出众者才能获得擢升。

书中许多启示和挑战，都源自作者的学习和实践。就如他指出，领导人的终极考验，在于他离任后还留下什么。按这个标准，林祥源显然是一位卓越的领导人。他领导过的公共服务部门，都是高效率与高效力的典范。他也指出，机构要在好时局，及时把握好时机进行变革，以免被未来扬弃。显然，他成功了。我相信，这些机构的领导层，必定会将他的教导铭记于心。

和其他领导学书籍相比，这是最好的一本。书中充满了务实的智慧、见解与挑战。书中强调的价值观极为重要，这也是我从所领导的机构中观察得来。这本书一读起来，就让人爱不释手。它应该是任何类型机构的领导人必读书籍，我自己肯定也会在遇到麻烦时运用书里面的妙方。”

美国麻省理工学院航空航天系与系统工程系教授
新加坡—麻省理工联盟科研中心主任兼总裁
丹尼尔·黑斯廷斯教授

“这本书的写作和包装与数之不尽的自助式领导学的书没什么不同，既有领导的技巧，也有领导的挑战。然而，它别树一帜、与众不同之处，却在它的主旨并非教人通过这些领导技巧，来取得成功、获取成就。

它独到的重要信息，在于赋予了领导人一个既简单又有深意的使命——身为领导人，是去启发新一代立志超越自己。他谈到‘每个人的心灵深处，都渴望追求生命的真谛和意义’，是召唤一个真正以价值为先和以无私精神为重的领导人。他指出，要成为一位优秀的领导人，也要是一位老师，一位伟大的‘导师’。

林祥源透过自身在政府机构中为国服务的实例，以一种非常适合年轻人阅读的方式写作。他本人，就是一位‘导师’。

阅毕此书，发现林祥源还有一项观察，引起我们的共鸣。他说：‘时光流逝、生命枯竭，但价值、原则不朽。’新加坡的年轻一代，应当汲取书中的精髓，融入自己的日常生活。这样，他们才会成长为一位无私的导师，就如林祥源那样，本身就是最佳楷模。”

新加坡悦榕庄创始人

何光平与张齐娥

“我们生活在一个邪恶的世界。世俗智慧倡导要取得成功就得冷酷无情、罔顾原则。林祥源取得的杰出成就，则证明了有虔诚的宗教信仰和高尚的道德原则，也可以成为一名成功的领袖。林祥源的领导学属于何种模式？他是一位有着不屈不挠信念与温暖爱心胸怀的领袖，也是一位教导和培育团队的老师。这是一本充满智慧和振奋人心的书。”

新加坡国立大学国际法研究中心主席

许通美教授

“我是一名终生学习哲学的学生。尽管世世代代人都在推崇智慧，但我仍旧惊觉这个世界的智慧稀缺。正因为此，林祥源的书才会如此特别。可以这么说，在有关新加坡经验的众书中，这是我读过最有智慧的一本。书中的原理，又是放诸四海而皆准。我敢肯定，每个读过这本书的读者必定获益良多。要是林祥源的真知灼见能够获得广泛应用，世界将会变得更美好。”

新加坡国立大学李光耀公共政策学院院长

《大趋同：亚洲、西方和同一个世界的逻辑》作者

马凯硕教授

“林祥源的书引人入胜、振奋人心。他从30多年为新加坡公共服务贡献力量的经历中，归纳出关于领导学的原创论述。我建议每一名经理，不管日后想要进军私人企业还是公共部门，都必读此书。书中和我个人有最大关联的当属第一部《老师》，尤其是《文化与价值观》一章，他的意见对我们这些领导机构变革和发展的人非常宝贵。林祥源坚信今天的挑战必须通过以价值为先的方案来解决，他独到的见解令人心服，也一针见血。全书悉心指导你怎样去领导自己和众人，去竭尽所能，表现最好，那是什么人都能做到的。”

新加坡远东集团总裁
新加坡科技设计大学董事会主席
黄志达

“这本书集合了林祥源的生活原则和丰富的精彩语录，给了我许多启发和珍贵的专业指导。作为总裁的我意识到，一所公司要永续经营，必须凭借众人之力。书中的每一条原则都智慧地阐述得清清楚楚，阅读此书，能带给所有领导人动力和鼓舞。”

日本罗森株式会社总裁
新浪刚史

“《怎样当领导》是一名杰出的高级公务员对领导学的反思记述。和其他同类型的书籍不同，林祥源通过新加坡建国元勋李光耀先生和已故吴庆瑞博士的语录与轶事，简单明晰地讲述他对领导学的深度感悟和见解。无论你什么年纪、什么背景或什么职业，只要你想帮助别人，对他人生命发挥积极影响力，都必须阅读此书。林祥源的建议对公务员、商业领袖，或是学生等各行各业都适用。”

新加坡华联企业有限公司执行主席
李棕博士

“这本书从领导人的角度，谈到了不少对生命有重要意义的事。自上世纪90年代初，我就定期到新加坡，并曾在这个地方住过。对这个国家为什么能这么成功，我有不少体悟。这本书正展现了新加坡政府各阶层领导人所发挥的卓越领导力量，他们确实是在‘催生变革’，并持续不停地追求卓越、精益求精。这让我更加明白这个国家这么成功，是有它的道理。新加坡私人企业的成功，也是同样道理。”

美国通用电气副总裁
美国通用全球成长及业务集团主席兼总裁
约翰·赖斯

“这是一本异常珍贵的书。林祥源和林华敏匠心独运，别树一帜，创意地在叙述中蕴涵着深厚的教育意义，丰富了它的可读性。林祥源从其漫长又多样化的职业生涯中，巧妙地归纳出重要的经验与启示，让人难忘。这本书除了叙述林祥源出色的职场生涯与个人经历，更有意义之处，是在它谈到了一个以人为主要资源的国家的发展之路。这也说明了书中独到的见解，可以从新加坡的成功得到认证。”

英国侯丁汉姆集团主席
罗尔斯·罗伊斯公司原总裁
罗世杰爵士

“在德国文学中，最具深意的一本书，当属托马斯·曼的小说《布登勃洛克家族》，它描写了一个家族的衰落。再看看一代代的王朝和一家家的企业，它们似乎都无可避免地从顶峰坠入低谷。该怎么避免这个灾难呢？答案只能依靠无私、强大的领导。年轻一代在寻觅楷模和指导的过程中，惟有依靠年长一代人的成就和生命历练，来明白人生有许多崇高的目标，是值得去奋斗和争取的。请仔细阅读这本书，从中汲取其中的智慧。”

瑞士《新苏黎世报》亚洲事务顾问
原驻北京、香港、德里及东京特派记者
乌尔斯·舍特利

“林祥源在新加坡转型成为一个经济实力强大的国家的过程中，曾经管过政府不少重要部门。他从高级公务员，到出掌经济发展局及新加坡政府投资公司，管理新加坡的外汇储备。《怎样当领导》是一本自传，也是一本励志书，是任何一名行政领导、公务员，或研究东亚发展史的学生，必读的书。书中独到的见地、所传递的智慧和谦逊，对每一名读者都会有所启发。”

瑞士联合银行沃尔夫斯堡总裁
Stars基金会董事会主席
托尼·绍宁伯格博士

“人们常将新加坡的成功转型，归功于各位总理的英明领导。孰不知他们背后有着许许多多出色的人才，领导着群众，把事情从无到有建构起来。这本书，正是在说着这么一个人的非凡故事。林祥源，本是一名德士司机的儿子，开始时只是一名污水处理工程师，后来却当上了公务员首长、总理的首席私人秘书，还出任国防部、教育部、财政部及总理公署的常任秘书。如今，他是全世界其中一个最大的国家财富基金的集团总裁。在他服务过的政府部门，他采取的创新变革方法，都极有见地。30多年下来，他留下了数之不尽的智慧宝库，等着我们去学习。从他酷爱学习，勇于接受新挑战，有能力去领导大规模的管理变革等等，让我非常佩服他。让我更敬佩的是他的谦逊、同理心，以及关爱人群，悉心去鼓励人们把自己的最好发挥出来。读着他的书，我多么希望也曾在这么一位导师的手下工作。”

英国SpringHill管理公司主席

拿督陈金狮博士

“林祥源曾是新加坡公务员首长，他的书充满了智慧。他谈到如何在一个庞杂的大机构，以开明的领导理念来赋予人们更多权力。书末，他引用了老子的话：‘太上，不知有之。’最高境界的领导人就是不让人察觉他的存在。整个新加坡公共服务固然能自行做好，重要的是，新加坡人阅读了此书，更像修读了一个进修课程。时下的公务员必须勇于冒险，去展开有建设性的变革。书中的启示，将有助于避免执政党停滞不前，避免重蹈台湾国民党与日本自民党的覆辙。”

新加坡TC Capital总裁

陈震洲博士

“从学中做，也从做中学。本书作者是一位有献身精神的新加坡公务员，他在能干的领袖，同时也是伟大的导师手下‘从学中做，也从做中学’。透过他大半辈子的工作经验，为秉着正直风骨去贡献社会，取得成功的人，提供指引。”

新加坡国立大学东亚研究所主席

王赓武教授

“我的好友林祥源自1969年起就在新加坡政府部门服务，此书根据他工作生涯中的观察和经历撰写而成。书中反映了他的生活方式、智慧和信念。他的观察极为敏锐，比如他在形容人类群体的习性时，就以周全缜密、极具说服力的方式，构建出了GEESE（雁群）领导框架。

虽说每一个社会所需要的领袖都不尽相同，但是要成为一名超凡领袖，还得具备一些基本要素。有些领袖在任内表现卓著，能对未来构建出明晰的愿景，值得效仿。但他们离任后，整个机构会突然陷入停滞，甚至是混乱。祥源清楚表明，这样的领导人不是最好的领导。他提出最优秀的领导，不是在前领导，也非从旁领导、在后领导，而是‘自内领导’。他也声明，领导人必须加进老师的元素，有‘导师’的风范，这是再正确不过了，因为衡量老师成就的指标在于他培养的学生的成就超越自己有多远。

我和祥源一样，都参与了指导新一代领袖的工作。我发现，他的想法和建议都高度原创，也极具教育性。”

日本国际协力银行总裁兼执行董事经理

渡边博史

“林祥源完成了一本非常杰出的著作，能够如此，是因为他自己正是一位杰出人才。过去40年，林氏一直站在新加坡高速发展的前线，他在国防部、教育部、财政部、总理公署这些政府机关，以及公务员首长任上，扮演了重要的领导角色。他从自己的导师——新加坡的开国元勋身上，感悟了领导学的重要原则；而在协助新加坡建立世界顶级的公共服务的亲身经历中，归纳了领导学的细节。林氏在领导与管理的艺术上有着丰富的实践经验，能和他有同样经历的人并不多。在这些经验之上，还能对其进行归纳和反思，整理成一本令人惊叹的领导与变革指南，则更是少之又少。倘若你想改进你的机构、提升你的政府、振兴你的国家，让它们更上一层楼，那你非看此书不可。”

美国哈佛大学肯尼迪政府学院公共领导中心公共政策讲师

迪恩·威廉姆斯

“当今，有勇气、有道德的领导稀缺，以致许多政治、经济机构衰弱退败。在这本书，祥源提供了不少领导学的真谛，这些都是他多年来在新加坡公共服务、经济发展局和新加坡政府投资公司所经历的，也都是他尝试过、验证过的真理。从他身上，我们要学习的地方还很多。”

马来西亚杨忠礼集团董事总经理

丹斯里杨肃斌博士

“这是一本价值非凡的指南，指向领导人的内心、灵魂和勇气。它的作者也是稀世珍品，他是一位真正的公务员领袖。用新加坡总理的话说，他‘创造了一个难以逾越的纪录，就是认识到新加坡面临的挑战，也为公共服务开拓了去应对挑战的愿景。’在新加坡惊天动地的转变过程中，在他44年的杰出职业生涯，曾经直接管理过其中一些重要部门。

我曾在他‘导师’式的指导模式下工作过，我能以个人的经验为林先生的真诚与管理的高效作证。他熟练掌控了多个在管理上最困难的领域，却能自由灵活地追求卓越、精益求精、改革创新。在转换角色方面，他能从像老板一般在前面领导，到像战友一般从旁领导，再到像导师一般在后领导，最终转成自内领导，成为源源不绝的灵感源头。”

新加坡时事评论员

新加坡政府投资公司原首席经济师

杨南强

鸣谢

鸣谢

生活在今天这个世界，人们全都互相关联：我们在人生道路所遇到的人，会影响我们成为一个什么样的人。这本书里我的思维和理念，都是在人生路程中所遇到的每个人所贡献的。我深信我们的相遇不是偶然，而是造物主神圣的安排和意旨。祂一直都在我生命的中心。

完成这本书，我要特别向下列几位导师和朋友表达我的感激：

- **新加坡建国总理李光耀先生和已故新加坡第一副总理吴庆瑞博士**，是我工作生涯中最伟大的导师。
- **马凯硕教授**，提供了多方面建议，协助我把各种想法串联起来。
- **总理公署属下新加坡公共服务署**，准许我使用之前我曾在《挑战》杂志里撰写的文章，编进此书的《挑战》篇。
- **傅芳莹女士**，为本书华文版负责校阅。

还有以下多位领袖，感谢他们抽出宝贵的时间评论此书：

- **比尔·布拉德利参议员**，美国原联邦参议员、艾伦公司总经理。
- **陆宝琴女士**，新加坡校长学院院长。
- **陈庆珠教授**，新加坡科技设计大学李光耀创新型城市中心主席。

- **张齐娥女士**，新加坡悦榕庄创始人。
- **福雷法赫格利菲斯勋爵**，英国高盛国际副主席。
- **弗朗西斯·哈特曼先生**，美国哈佛大学肯尼迪政府学院公共政策客座讲师、肯尼迪政府学院“有效实施”课程开办人。
- **丹尼尔·黑斯廷斯教授**，美国麻省理工学院航空航天系与系统工程系教授、新加坡—麻省理工联盟科研中心主任兼总裁。
- **何光平先生**，新加坡管理大学董事会主席、新加坡悦榕庄创始人。
- **许通美教授**，新加坡国立大学国际法研究中心董事会主席。
- **马凯硕教授**，新加坡国立大学李光耀公共政策学院院长、《大趋同：亚洲、西方和同一个世界的逻辑》作者。
- **黄志达先生**，新加坡远东集团总裁、新加坡科技设计大学董事会主席。
- **新浪刚史先生**，日本罗森株式会社总裁。
- **李棕博士**，新加坡华联企业有限公司执行主席。
- **约翰·赖斯先生**，美国通用电气副总裁、通用全球成长及业务集团主席兼总裁。
- **罗世杰爵士**，英国侯丁汉姆集团主席、罗尔斯·罗伊斯公司原总裁。
- **乌尔斯·舍特利先生**，瑞士《新苏黎世报》亚洲事务顾问，原驻北京、香港、德里及东京特派记者。
- **托尼·绍宁伯格博士**，瑞士联合银行沃尔夫斯堡总裁、Stars基金会董事会主席。
- **拿督陈金狮博士**，英国 SpringHill 管理公司主席。
- **陈震洲博士**，新加坡TC Capital总裁。

- **王赓武教授**，新加坡国立大学东亚研究所主席。
- **渡边博史先生**，日本国际协力银行总裁兼执行董事经理。
- **迪恩·威廉姆斯先生**，美国哈佛大学肯尼迪政府学院公共领导中心公共政策讲师。
- **丹斯里杨肃斌博士**，马来西亚杨忠礼集团董事经理。
- **杨南强先生**，新加坡时事评论员、新加坡政府投资公司原首席经济师。

林祥源

2014年11月

青出于蓝而胜于蓝

衡量老师成就的指标，在于他培养的学生的成就超越自己有多远。

富不过三代

只要没有好好把上一代成功领导的价值观和原则妥当记录下来，没有定期重新审视这些价值观和原则在不同时代的意义和作用，终究会“富不过三代”。

序言

序言

新加坡总理李显龙

财政部常任秘书

林祥源先生

祥源：

2006年10月1日，你就要从行政服务部门退休了，我在此代表政府向你表示由衷的感激。感谢你在过去37年，在公共服务领域的杰出贡献。

这37年，你曾出任国防部、总理公署、教育部和财政部等重要部门的常任秘书。1999年至2005年，你担任公务员首长。

这么多年的公共服务生涯，你创造了难以逾越的纪录，就是认识到新加坡面临的挑战，你为公共服务部门开拓了崭新的愿景，去迎对挑战。你还为实现愿景制订出相应的战略和计划，并从旁监督，直至它们成功落实。在你的领导下，新加坡公共服务变得更具前瞻性、更有远见、更能迅速应对变化，也更加重视工作表现，以服务至上、以客户为先，从而赢得了国际名声，备受赞誉。

任职总理公署常任秘书以及公务员首长期间，你为公共服务部门未雨绸缪，带领他们及时为将来做好准备。你所开展的“PS21”

（21世纪的公共服务部门），让各层次的公务员动员起来，一起去预判变化、去迎接改变和去执行变革。你也重整了公共服务的人事管理系统，使得公共服务在面对更变不休的就业前景时，更具竞争力和反应力。你推出了吸引并开发人才的新措施，得以为公共领域长期提供新的领袖，历久不衰。就任常任秘书期间，你建立了共同掌权与团队的精神，为创造一个网络畅通的政府打下了坚实的基础。

在财政部常任秘书任内，你改变了政府的财务管理系统。通过创新的举措，你激发了政府机构去追求卓越、精益求精，善用财源，除了减少政府的财政风险，还建立起了高透明度的问责制。你所推行的“电子政府”，一直在国际评测中名列前茅，也得到广泛的应用。你还引领财政部降低所得税税率，增强新加坡的税务竞争力，也同时维持新加坡稳健的财政地位。

出任教育部常任秘书期间，你是“重思考的学校，好学习的国民”运动的发起人，也是推介“国民教育”的领队先锋。你还通过多重管道来树立教师行业的尊严，其中有校长就职典礼与卓越教师总统奖。在国防部，你建立了一支强大可靠的新加坡武装部队，在每一层军阶上都选用能人。通过国防部生产力委员会，你动员起各级军官去提升工作表现。在国际防务关系上，你也和几个主要国家建立和扩展关系，并加强了联系。新加坡武装部队今天崇高的公共形象，是少不了你在国防部时所建立的强大基础。

曾和你共事的每一名公务员都对你敬重有加，尊称你为良师、导师和启蒙师。他们切身体会了你对人的诚挚关怀，协助人们把自己的最佳状态贡献出来。你推动自己的信念，以激情、热情和诚恳与人沟通。你感染了年轻一辈的公务员去为国家服务，去为国家追求卓越、精益求精。

我有幸能与你结识，并在你任职国防部、总理公署和财政部的30多年里，与你一起并肩作战。你精辟的见解、智慧和判断，备受倚重。你完美地诠释了行政服务部门的传统，对于你的忠心服务，我深表感激，并期待你能在经济发展局主席一职上继续发光发热。

祝福你。

新加坡总理

李显龙　谨启

2006年9月15日

抄送　公务员首长

前言

每个人的心灵深处都渴望追求生命的真谛和意义。

发现自己对他人有助、对他人有益，会比做任何事情快乐。

每个人都能对周遭的人发挥积极影响力。

每个人的生命都是有价值的。

前言

这是一本怎样的书？

这本书一部分是个人传记、一部分是评论、一部分是阐述。多年工作的理念和经验，让我深信对领导人最大的考验在于能否成功培育出承载着开国先驱价值观的新一代领袖，使他们在瞬息万变的时局中不断反思，以便取得国家的永续成功。在这本书里，我秉持着这份信念，将我所想所行倾囊相授，与诸位分享。

如果你只想学一样东西来改善生活，那这本书可以帮你一个忙。愿你能积极进取，以领导为乐；愿你能虚心谦逊，以学习为重；也愿你刚毅不拔，努力奋斗。愿你在能力所及的范围，帮助他人、鼓励他人，并从中获得快乐。

这本书写给谁看？

无论你是一名跨国集团总裁、一名全职妈妈、一名急诊室护士，还是一名中学生，只要你想对周遭的人发挥积极影响力，都欢迎你翻看此书。每个人的生命都有价值，每个人都有潜力去成为有思想的领袖、有影响力的人。

我相信每个人的心灵深处都渴望追求生命的真谛和意义。尽管每个人都有发现生命意义的独到方法，但许多人都证实了，拥有一份为他人奉献的心最是崇高无价。

发现自己对他人有助、对他人有益，会比做任何事情快乐。这个“他人”，可以是我们的父母、伴侣、子女、同事、邻居，甚至是大街上的陌生人。一句感谢的话语、一抹感激的微笑、一个欣赏的手势，都能温暖人心，是千金难求。

你或许不认同书中所有的观点——那没关系，而且，那也是应该的。因为许多想法、看法都必须与时势、形势相配合。

我希望这本书里的见解和原则，能让你有勇气：

- 去独立思考；
- 去探索自身的潜能；
- 去立志成为自己所想从事的事业的佼佼者，及时为将来做好充分的准备。

这本书在说什么？

这本书是根据我从众多导师身上学习到的反思，包括我曾经在他们麾下工作过的领袖人物，如：新加坡建国总理李光耀先生与新加坡首任第一副总理吴庆瑞博士、我曾经服务过的人、曾经为我工作过的人；曾经写过各种文章、书本，对我有所启发的人，以及许许多多曾通过种种方式感动过我的人。

我在这本书和你分享我在职场生涯中所秉持的信念，以及我所领悟到身为领导人处事待人的态度和方法。你或许不认同书中所有的观点 —— 那没关系，而且，那也是应该的。因为许多想法、看法都必须与时势、形势相配合。不过，我要向你保证，我这些想法都不是凭空捏造，都是经过了无数工作的经验累积，千锤百炼得来。

我希望这本书里的见解和原则，能让你有勇气去独立思考，去探索自身的潜能，并立志成为自己所想从事的事业的佼佼者，及时为将来做好充分的准备。

这本书怎么写成？

这本书分两部共10章。在每章末我还附上一篇《挑战》，供你在日常生活和职场生涯里参考。[1]

第一部《老师》篇，描述的是我在各种工作事务中值得学习的际遇。这一部分，我谈到从生命中各位老师身上学来的宝贵启示，和在生活中所积累的经验。

第二部《领导》篇，则是在我工作期间对“领导学”的体悟和经验所累积而成的理论和原则框架，阐述我对领导学的看法，探讨文化与价值观是怎样建构一个机构的永续成功。《精益求精》章，说的是把卓越设定为我们追求的最高境界。《在位领导力》章讨论怎样当领导，才是好领导；《个人领导力》章则指出，领导人个人素质的高低，将决定他的领导高度。

[1] 这些文章转载自总理公署公共服务署刊行的《挑战》杂志©2001–2004，已获得公共服务署的批准使用。

领导人的最高境界是成为一位真诚的老师。

老师最雀跃万分之时是看到学生能充分发挥自己的潜能。

学生的成就超越老师越远，意味着这位老师的成就越高。

结语《是领导也是老师》篇，设定领导人的最高境界是成为一位真诚的老师。老师最雀跃万分之时是看到学生能充分发挥自己的潜能，而事实上，学生的成就超越老师越远，意味着这位老师的成就越高。

1969年我开始工作，那时候的世界格局和今天完全不同。今天一切都在高速运转，未来变得难以捉摸、难以预测，生活仍在背后不断催促我们往前冲。

评价一位老师的成就，在他如何培育学生、充实学生、赋权学生，怎样让这些年轻人日后有办法好好过活，直到年纪老迈。我们也应该以这个标准去评价一名领导。

这本书要怎么读？

每个人有不同的要求。在寸金难买寸光阴的世界，你也许想以最短的时间获得最多知识，尽快满足自身需求。

我有下列建议：

- 对只想约略知道大概的读者：
  →请阅读左面页的语录。
  →请阅读每章末的《挑战》篇。
  →请阅读结语《是领导也是老师》篇。

- 对公务员及想要深刻了解新加坡公共服务历史的读者：
  →请阅读第一部《老师》篇。
  →请阅读每章末的《挑战》篇。
  →请阅读结语《是领导也是老师》篇。

- 对领导人及立志成为未来领袖的读者：
  →请阅读第二部《领导》篇。
  →请阅读每章末的《挑战》篇。
  →请阅读结语《是领导也是老师》篇。

今天并没有比从前辛苦，今天只是和从前不同罢了。

潮起潮落，生命不断前行，而通往幸福与成功的诀窍，在于能否适应那既捉摸不定、难以料想，又难以适从、瞬息万变的变革异动。

每代人都有各自不同的课题、挑战和机遇。

时光流逝、生命枯竭，但价值、原则不朽。

不朽的价值和原则

很多人认为今天的日子比从前艰苦，事实绝非如此，可惜这种错觉一直存在。今天并没有比从前辛苦，今天只是和从前不同罢了。潮起潮落，生命不断前行，而通往幸福与成功的诀窍，在于能否适应那既捉摸不定、难以料想，又难以适从、瞬息万变的变革异动。

1965年初，我前往澳大利亚阿德莱德大学修读机械工程。当时新加坡刚脱离殖民时代、并入马来西亚刚满一年。没想到仅数月后，新加坡就与马来西亚分道扬镳。事出突然，没有任何事比它更加难以料想、更难以适从。尽管如此，我们却不能怪责当下年轻人对那段历史不闻不问。

每代人都有各自不同的课题、挑战和机遇。时光流逝、生命枯竭，但价值、原则不朽。每个时代应变的措施必须符合所处情境，方能创造出璀璨的将来。

领导人能从哪里得力来超越自我？各人必须自找答案，我在此说说我的意见。

阅读此书时，请牢记一点，即便收集各种想法是件好事，然而成功的关键，却在于你如何将各种好点子有系统地聚合起来，再开创出崭新、别树一帜的独特想法。我们常问："你做了什么？你是怎么做到？"却很少问："你为什么会这么想？你为什么要这么做？"

我希望这本书能对你有帮助，从而对身边的人传送力量，去多做好事、去追求卓越、精益求精，在现今与过去的基础上未雨绸缪，为将来及时做好准备。

挑战 一

以自己为荣

查尔斯 · 汉迪在自己的书《空雨衣》的结尾部分，写了一个故事：

> “从前有位学者，名叫祖基亚 · 汉尼拨，一生都在为自己缺乏天赋，不能成为另一个摩西而苦恼。有一天，上帝安慰他道：‘在来世，我们不会问你为什么不是摩西，而是问你为什么不是祖基亚。’”

我们每个人，都应该竭尽所能，凭着自身的才能，去做到最好。

我们通过修读课程，增广知识；我们向他人学习，有更大进步。一个人在还没有做到最好时，不应该对自己感到满意。

我们无须和别人攀比，只须想着竭尽所能，把自己做到最好就行。

当你已经竭尽所能、做到最好时，没有人有权力向你要求更好。然而，一旦你没有全力以赴，你会为自己感到愤怒、感到羞耻。

松下电器公司经营的电器品牌有“乐声牌”和“松下牌”。它的创始人松下幸之助非常喜爱塞缪尔·厄尔曼一首名为《青春》的诗。虽然诗里有些用字比较晦涩，信息还是浅白的。希望这首诗能对你有所启发，正如它鼓励了我的生命一般。

“青春不是一段年华，而是一种心境；
它不指红润的脸颊、艳红的嘴唇和柔软的双膝，
而是指坚韧的意志力、非凡的想象力、炽热的情感；
青春是生命深泉在不住涌动。
青春以气势如虹的勇毅战胜怯懦，以奋进压倒苟安。
如此气概，一般存在于六旬花甲的人，
而非二十出头的年轻人。
人，不随年华老去，而因丢弃理想，才渐衰老。”

让我们一同留住青春的活力，这个活力能让我们的表现达到巅峰。

第一部

老师

第一章

何不到处走走?

不要只待在办公室，要到处走走，了解情况，了解工人的想法。

人们见到你愿意卷起袖子，落手落脚，花心思花时间去了解他们的处境，更会尊重你。

第一章

我的老师

1969年7月，晨光明亮和煦，这是我第一天到污水处理厂上班。我的车驶进大门，见到一台废弃已久的压路机，正有一群人为它上漆。

我踏入办公室，问起为什么要给这台废弃机器上漆。同事告诉我，那台压路机已经太旧，需要报废，买台新的。

我听了更感困惑，那为何要大费周章，为一台废弃的机器涂上新漆呢?

“事情是这样的，”一人解释说，“公共工程局会派一名工程师来签‘报废证书’。要是看到机器生锈，会责怪我们没有好好保养，机器才损坏。”

如此说来，机器坏了，就任由它风吹雨打。过一段时间，再为它上漆，避免受责罚。这造成一个双赢局面——工程师有充分的理由签下“报废证书”，不会责备工人，工人也能用上新机器。

这让我上了宝贵的一课：实地工作的人比你想象的要聪明。所以，不要只待在办公室，要到处走走，了解情况，了解工人的想法。另方面，人们见到你愿意卷起袖子，落手落脚，花心思花时间去了解他们的处境，更会尊重你。

在污水处理厂担任机械工程师几个月后，新加坡发生了大水灾。这场大水灾，让我对“身临现场、身先士卒”这一课更为印象深刻。当时，我负责为好几个污水抽水站安装机械和电力。

身临现场、身先士卒。

人们渴望：

- 得到赞誉；
- 在工作上得到认可；
- 品尝成功的滋味。

领导人应该营造出一个环境，让人们：

- 勇于尝试，不怕犯错；
- 通过成功建立自信；
- 安心地从错误中学习。

那天，只见大水溢出河堤，淹没了一个污水抽水站的巨型抽水机。抽水机处在抽水站的底层，我们必须将那里的积水抽出，才能重新启动抽水机。当我抵达现场，工人已在奋力抢救，他们用了几台移动式的柴油抽水机去抽水，但是这些机器完全没有用。

我要他们把几台抽水机连接起来，增强抽水力度，他们却说从来没有这样做过。我当即感到困惑，难以断定我这样做是否可行。我迅速回想大学时代所学到的水力学知识，要他们照我说的去做。幸好，如我所料，一切可行。之后，我意识到自己在工人心中的地位提高了。

和他们共事多年，让我领悟到人的共性：人人都有着强烈的自尊，都想有出色的表现，把事情做到最好。人们渴望得到赞誉，期望在工作上得到认可，也都想品尝成功的滋味。因为成功能让他们倍受鼓舞、增强自信，进而催生动力和创意。毕竟，没有人想在工作中出错、出丑。

至于怎样营造一个人人都勇于尝试，不怕犯错的环境，是身为领导人面对的一大难题。只有在一个无惧尝试的环境，人们才能通过成功建立自信，才能安心地从错误中学习。

再深一层来说，我发现大多数人都不介意被人领导，但是在他们心目中的杰出领导人，是同时用心灵和头脑工作，不仅充满热情、机敏过人，还能帮助下属发现自己的长短处。好的领导人就是一位牧羊人、一位导师，他会指引人、体恤人、带动人，大家一同工作，鼓励人大胆创新、勇敢行动。

1969年至2006年，我当了37年公务员。在这段工作日子里，我相信在思想上必须处于领先地位，而不只是跟随者。我们可能排名第二，而非第一，甚至排名第50。不过，名次不重要，真正能让我脱颖而出的，是开发独树一帜、只有自己才具备的特殊才能。而要这样，必须敞开心胸，虚心向人学习，向各处学习，清楚自己为我们要想着去成为第一名。

我们要开发独树一帜、只有自己才有的特殊才能。

我们必须敞开心胸，虚心向人学习，向各处学习，清楚自己为什么这样做？在做什么？

更重要的是，一旦我们身在最前面，也要为自己敢于挺身在前，走自己的路，感到自在。

什么这样做？在做什么？其实，如果跟在人家背后能感觉自在，也没有要紧。只是，一旦自己身在最前面时，也要为自己敢于挺身在前，走自己的路，感到自在。这其实才是排名第一或不是排名第一的差别，这也是在未知的将来，取得永续成功或走向失败的差别。

这里，我以爬楼梯和乘自动扶梯来阐述上述观点。乘惯自动扶梯的人，来到一个只有楼梯的楼层，要爬楼梯，才能更上一层楼时会感到辛苦。因为他们不曾锻炼好自己的肌肉，来为攀爬楼梯储备体力、能量和信心。所以说，学习先进国运用自动扶梯上下楼梯是对的，也是好的，不过同时也要锻炼自己的肌肉和能力，以防不时之需。

有人问我的领导学思维是受到谁的影响最深？我会不假思索地说，是新加坡建国总理李光耀先生和第一副总理吴庆瑞博士。

他们再问，和李光耀先生一起工作是怎样的呢？因为李先生是出了名的严厉和高要求。当我告诉他们，担任李光耀总理首席私人秘书的三年，是我工作生涯中最自由自在的三年，他们都会大吃一惊。

原因其实很简单。在其他工作岗位，我必须为自己的想法和行动决定工作流程，所以行事历总是写得满满的，因为要做得好、做得创新的工作是永远做不完的。然而，为李先生服务，我的工作只能跟着他的流程走，我也因此有更多时间看书，思考人生道理和国家大事。

从李先生身上，我学到了新加坡的治国之道。这些治国之道从底部加固了新加坡从1959年的自治政府演进到1965年独立，以及后来转型成为一个现代化大都市的根基。

李先生让我明白建立一个国家与建立一座城市不同。城市是经规划用混凝土建成，国家却是万众一心，共创锦绣前程的集体成果。他还教会我，当领导不仅要有清晰的头脑、目标专一，还要能够有效沟通，能将复杂难懂的课题，深入浅出向广大民众解说。

建立一个国家与建立一座城市不同：城市是经规划用混凝土建成，国家却是万众一心，共创锦绣前程的集体成果。

领导人要：

- 有清晰的见解；
- 目标专一；
- 能够有效沟通。

我担任总理首席私人秘书的首次会议情况，仍然历历在目。李先生告诉我，我的日常工作也要和外国人打交道。和外国人交谈时，他提醒我说：“要时时正视他的眼睛，绝对不要低着头，眼睛看下面。你是以新加坡代表的身份和他交涉，要和他平起平坐，以对等的身份来往。”如今的新加坡备受他国推崇、为各国尊重，既有自知之明，又能为有限创造无限奋战。回想起来，他这个思维显然是造就新加坡今天成功的原因。

从吴庆瑞博士身上，我见识到了在扑朔迷离中披荆斩棘的艺术。我了解到，面对难题时，要勇于创新，必要时还要敢于壮士断臂。我也学会仔细思考，绝不以巧言遮掩前路茫茫的境况。我还学到，设定目标切不可好高骛远，必须是付出努力和想象力之后可以达到的境地。此外，我还学会了怎样去团结众人的力量，一起完成崇高且有意义的事情；也知道要广开言路，广纳民意，聆听来自四面八方的好点子，并坚持不屈不挠的意志力，去主宰自己的命运。吴博士还教会了我很重要的一点，他说：“杜绝失误的惟一途径虽是无所事事，不做不错，但到最后，这样反而成为最大失误。”

对我而言，李先生和吴博士都是大师。尽管他们不曾意识到自己成了我的导师，但他们的领导能力与治国理念已深深烙印我心。从他们身上，我学会时时去关注人才、发掘人才，也学会时时帮助他人去发挥潜能。

李先生和吴博士还让我看到，新加坡人必须无止境地追求卓越，必须有强烈的欲望去把每一件事做到最好。这一点令我印象深刻。有的国家独立却没有主权，有的国家有主权却不独立。新加坡和这些国家不同之处，在于新加坡的生存和成功是一个硬币的两面，必须两者兼备。新加坡要结交一切愿与新加坡为友的国家，但千万要记住，没有任何人亏欠我们，自己的安全要自己维护。绞尽脑汁，追求独树一帜，走自己的路，不是新加坡的选择，而是新加坡必须掌握的命运。

新加坡人必须无止境地追求卓越、必须有强烈的欲望去把每一件事做到最好。

对新加坡而言，生存和成功是一个硬币的两面，必须两者兼备。没有任何人亏欠我们，自己的安全要自己维护。

绞尽脑汁，追求独树一帜，走自己的路，不是新加坡的选择，而是新加坡必须掌握的命运。

只有把这些原则运用得当，切合当下态势，方能取得成功。当人们相信“明天会更好”时，会更得到激励，努力获取成功。

纵观我的事业，我有幸能在不同的岗位，都有机会作出变革，为同事提供工作的愿景与深层意义，并协助他们去发挥自己的极限，去开创国家新的道路：

在**国防部**，我设定的愿景是通过举办公众活动，把军人定位为“国家卫士”来提高新加坡武装部队的士气。

在**总理公署**，我设定的愿景是把新加坡的公共服务打造成“世界最好的公共服务之一”。

在**教育部**，我设定的愿景是给予教师与学校全力支持，协助他们“培养国家未来的栋梁”。

在**财政部**，我设定的愿景是让同事将资金投入“创造我们梦想中的新加坡”。

在**经济发展局**，我设定的愿景是“为新加坡开创未来经济的美景”。

在**新加坡政府投资公司**，我设定的愿景是“为新加坡的美好未来投资”。

在每一项任命，我发现，只要让人们看到自己的付出是值得的，是得到尊重和肯定的，他们都愿意承诺时间和精力，竭尽所能，贡献自己的力量与想象力。只有把这些原则运用得当，切合当下态势，方能取得成功。当人们相信“明天会更好”时，会更得到激励，努力获取成功。

领导人身上那种超越自我的能量究竟从何而来？每个人都要找自己的答案。我在接下来的章节说说我的看法。

挑战 二

竭尽所能　表现最好

要是有人要我对刚到社会工作的初生之犊，只说一句话，我这句话是："竭尽所能，表现你的最好。"

这需要三个行动：

- 不管做任何事情，都要做到最好。
- 以发挥自己的潜能为先。
- 与其他人合作无间，能比个人单打独斗成就更大事业。

"不管做任何事情，都要做到最好。"除非已经全力以赴，永远不要对自己感到满意。你必须有一种"知性的焦躁不安"不停地反问自己，事情是否能有更好的解决方案？在现有的时间和能力范围内，能否做得更好？你还要有"建设性的不满"，只要还有更好的解决方案，就不要随便感到满意。切记，这种"不满"必须是有建设性的，而非埋怨、质疑、愤世嫉俗等破坏性的。

“以发挥自己的潜能为先”，把握每个机会改进自己。要渴望学习、接受批评、悉心聆听，也要勇于尝试新事物。

每当我听到人们说：“老板只给这么少薪水，为什么要多做？”都会感到难过。正是因为这样的态度，这些人才会错失让自己做得更好的机会。老板给你的，如果不是钱的话，是机会。

全力以赴的同时，不要时刻想着钱。一个不准备奉献更多的人，会失去建立信誉和获得更多重托的机会。要是你做得够多，却得不到擢升或认可，则可以选择另谋高就，去寻找一个能认可你的机构。你不必悲戚戚地留守岗位。

所以，真正的输家，乃是不去充分发挥自己能力的人。

“与其他人合作无间，能比个人单打独斗成就更大事业。”我们必须认识到，无论工作或生活，仅凭一己之力，能做到的事情不多。因此，学会开拓人脉网络，尽量和其他人维持良好关系。与孤军奋战相比，齐心协力、群策群力能成就更大事业。此外，要懂得从他人的角度去思考。你要别人怎样待你，你就要怎样待人。这表示，你一方面既要展现自信，又不失谦逊，也要多与他人分享，合力把事情做好。

只要你愿意，要在公共服务领域实践上述三项行动并不困难。为新加坡服务、为新加坡人民服务是一项光荣的使命。它在任人唯贤的基础上，为人们提供多尝试和多贡献的机会，也非常强调跨部门的合作。

“**竭尽所能　表现你的最好**”能协助你升职，提升自我价值，增进知识和经验、改进工作的能力，对你的心灵大有裨益。

第二章

无论在怎样的环境，我们都能学习到新事物。

如果你不停在挑什么能做、什么不能做，只会把自己局限在一个自己认识的世界里。你会因此错过了不少机会，错过了去学习你不曾想象过你会做的事情。

第二章

机会与义务

我的父亲是一名德士司机，母亲是一名教师。如果没有奖学金，我根本没有机会上大学。

上世纪60年代的奖学金、助学金和贷学金的数量，远比今天少。我申请了几份奖学金，最终得到新加坡公共服务委员会颁发，澳大利亚政府慷慨提供的哥伦坡计划奖学金。

现时年轻人申请奖学金可以选择或要求自己想读的科系，从前并非如此。那时候我毫无选择，我做好读任何政府要我读的科目的心里准备。在新加坡建国初期的工业化年代，我选择读机械工程，主要因为读这个学科有奖学金。

学成回国，我必须履行为新加坡政府工作几年的义务。我被派往公共工程局（今天的公用事业局）的污水处理署工作。坦白说，这不是一件美差。我在这里管理的、呼吸的，就是以“比较文明”的方法来处理人的排泄物系统。或许你以为我很悲惨，其实不然，这对我是一个全新的体验。

我深信，无论在怎样的环境，我们都能学习到新事物。有的事只要三个月就能掌握，有的要耗上三年，有的纵使花上30年也掌握不了。我认为，如果你不停在挑什么能做、什么不能做，只会把自己局限在一个自己认识的世界里。你会因此错过了不少机会，错过了去学习你不曾想象过你会做的事情。

不要追逐回报，而是追逐机会。

伴随着机会而来的还有义务。我们有义务去帮助周遭的人，有义务去给予他人机会，让他们发现自我，展现自我。

机会从来都是留给有能力、做好准备的人。

请尽情享受昨天的努力成果，但仍要继续努力奋斗来确保今天的你胜过昨天的你。惟有如此，才会迎来新的机会，成就明天更好的你。

面对每项职务，我都抱着好奇心、学习的意愿、乐意奉献的心态去做，以此来弥补我在专业知识和技能上的不足。在我看来，只要具备诚实、正直、有信义、可靠，并且充满朝气和想象力，不断追求卓越、精益求精的工作态度，就能为你带来无数学习、服务和贡献的机会。

你同时要谨记不要追逐回报，而是追逐机会。回报只是你今日所得，机会却能决定你的明天，主宰你的未来。

为了建立下属对我的信心，我还学会必须让下属明白我来并不是窃取他们的成绩，而是来协助他们把工作做好，整合他们的力量，协助他们取得成功。所以，我会不停问他们："怎样能帮助你把事情做得更好？"为了凝聚众人的力量和鼓动创造力，领导人必须抛开一己私利，时刻谨记要为众人谋福利。知识和经验虽然对领导人很重要，但更重要的还是要以他人为本。

总而言之……

机会让我们学习，充实我们，让我们得以不断向上，做一个卓越优秀的人。然而，伴随着机会而来的还有义务。我们有义务去帮助周遭的人，有义务去给予他人机会，让他们发现自我，展现自我，就好像他人给我们机会那样。一个人不能做到最好，不能成为一个卓越优秀的人，其实对我们自身，还有对我们周遭的人，都是不公平的。

机会从来都是留给有能力、做好准备的人。每个人都要通过认真工作、诚实正直、有信义、可靠，建立起好名声。我们今天取得的学历和成就，不是我们努力奋发的终点，而是攀登更高更远处的跳板。

请尽情享受昨天的努力成果，但仍要继续努力奋斗来确保今天的你胜过昨天的你。惟有如此，才会迎来新的机会，成就明天更好的你。

挑战 三

以尊严与自豪打造人生

一名工艺非常优秀的木匠，觉得自己老了，便向老板请辞。

老板不想让木匠就这样离开，他问木匠能否帮他多盖一所房子。

木匠答应了。房子慢慢盖起来，木匠显然没有认真工作，不仅手工粗劣，就连选材也没有用心。

房子盖好后，老板前来验收成品。他将大门的钥匙交给木匠，对他说："这是你的了。你多年来辛勤工作，这是我送给你的礼物。"

这句话让工匠大为震惊，也感到羞愧。要是他早知道盖的是自己的家，他的工作态度一定会大大不同。如今，他只能住在这间自己随随便便盖好的房子里。

这个故事有值得深思之处：我们要构建怎样的人生？

我们只是听命行事？还是我们认定任何工作都要全力以赴，做到最好？我们对自己随随便便的工作，会感到满意吗？或者说，突然惊觉要住在自己随随便便盖的房子里的人，我们是其中一人吗？如果早知道，我肯定工作态度是不一样。

如果自己就是那名木匠，再想想自己的房子，你应该明智地修建。人生只有那么一次，要好好打造，即便你只再多活一天，那一天也要活得自豪、活得有尊严。

你的今天，来自你过往的态度与选择。你的明天，也将取决于你今天的态度与选择。

第三章

国防部本身，就好比一个微型政府，它把政府各部门的职能都囊括在内。

国防部既然在财务上握有自主权，它发展出一套能确保区块预算内的资金有效调配的独特系统。

由于不可预知危机何时发生，而核心武器系统从开始思考至能完全操作，往往需要10年之久，因此防范未然，为不可预知的将来做好准备，已成为国防部文化的固有特质，能有效应对瞬息万变的时势。

第三章

从实践中学习

1970年至1978年和1981年至1994年，我在国防部服务，前后21年。[2] 这21年，是我不断学习、不停试验，令我获益良多的好日子。

国防部本身，就好比一个微型政府，它把政府各部门的职能都囊括在内。国防部的年度预算案采用“区块预算”的模式，这表示财政部拨款给国防部时，不会过问开支细目。国防部须自行决定所有资金分配：或购置武器系统、或建立营地，或支付人员薪资、维修、供给、运输等营运开销。这样一来，国防部就无须为了通过预算审核而透露为解决潜在的安全隐患所部署的作战方案。这配合了对新加坡武装部队的信任，只要部队整训有素、装备齐全，军队士气高昂，就能威慑敌人，避免军事冲突，最终确保国家稳定与安全。

国防部既然在财务上握有自主权，它发展出一套能确保区块预算内的资金有效调配的独特系统。由于不可预知危机何时发生，而核心武器系统从开始思考至能完全操作，往往需要10年之久，因此防范未然，为不可预知的将来做好准备，已成为国防部文化的固

[2] 1971年至1974年间，我在新机工程有限公司担任副总经理（就是现在的新加坡科技动力公司），六个月后升任总经理。1978年至1981年间，我出任建国总理李光耀的首席私人秘书。

要接下一个任务，你无须无所不晓，甚至可以一窍不通。

你只须肯去学习、愿意学习、虚心学习。

有特质，能有效应对瞬息万变的时势。我们的顾问团对国防部官员一向不吝赞美之词，经常赞扬他们在掌握工具如规划模拟战情的工作，很快上手，而且做得得心应手。

我好像说得太远了，且听我从头说起。

1970年，我在公共工程局的污水处理部门工作了一年左右，时任第一副总理兼国防部长的吴庆瑞博士，从政府各机构挑选了包括我在内的几名官员，调任国防部。当时，英国宣布了撤离在苏伊士运河以东的军力。因此，加速成立新加坡武装部队，已经刻不容缓。

新加坡政府吁请英国政府暂缓撤退行动，获得当时的英国首相哈罗德·威尔逊的同意，英军撤军计划推迟几个月。然而，这仍意味着在新加坡的英军军事基地至迟也要在1971年关闭。形势十万火急之下，吴庆瑞博士被邀于1970年重返国防部。他是1965年8月新加坡独立之时首次出任国防部长，1967年调任财政部长。

我一加入国防部，就被任命为项目总监，负责几个项目的协调工作：先是筹建新加坡武装部队旗下第一支防空高射炮单位——第160号大营，后来则负责成立炮兵部队。

当时，我对防空高射炮一窍不通，但是我愿意学习。这些防空高射炮是装备了荷兰飞利浦火控系统的瑞士厄利孔机炮，在几位精通火炮系统的荷兰顾问监督下建立起来。我的职责是协调各方顺利建成这个单位——确保实里达军营和一切配备供给准备就绪，确保官员和军人接受适当的训练，确保和荷兰顾问之间的来往一切顺畅等事宜。

国防部总部每周都举行一次会议。还记得其中一次由吴瑞庆博士主持的会议，我带着四张双页纸粘成的大纸上绘着关键路径流程图，上有许多菱形、圆圈和箭头，画得缤纷七彩。我对那张图表的“出彩”感到很满意。现在回想，那张图表在吴博士看来其实很简陋，水平很低。不管怎样，那张图肯定吸引了他的注意力，它让成立新加坡空军部队迫在眉睫。

尽管在不同阶段都有不少外国顾问参与，吴庆瑞博士手上也有诸多难题要解决，但是无论多忙，吴博士不忘培养新加坡的年轻人，因为这最终会决定新加坡空军部队的发展步伐和规模。

吴博士还高瞻远瞩地期望招收女生参与飞行培训。虽然新加坡空军部队不会征召女飞行员，但是吴博士认为女生能影响她们日后所生的孩子去当空军飞行员。

我在翌年受委为创建少年飞行俱乐部（现在的青年飞行俱乐部）的项目总监。

同样，我对飞机和飞行也是一窍不通，但是我愿意学习。吴博士设立俱乐部的用意，是想引发年轻人对飞行的兴趣，希望他们长大后加入空军，成为驾驶战斗机的飞行员。

少年飞行俱乐部

成立新加坡空军部队迫在眉睫。尽管在不同阶段都有不少外国顾问参与，吴庆瑞博士手上也有诸多难题要解决，但是无论多忙，吴博士不忘培养新加坡的年轻人，因为这最终会决定新加坡空军部队的发展步伐和规模。

少年飞行俱乐部吸收中一二年级学生，激发他们对航空模型的兴趣。同时，也接受年龄稍长的初级学院高中学生，培训他们考取私人飞行执照。此外，吴博士还高瞻远瞩地期望招收女生参与飞行培训。虽然新加坡空军部队不会征召女飞行员，但是吴博士认为女生能影响她们日后所生的孩子去当空军飞行员。

一如既往，吴博士的办事原则就是要把事情尽快办好，速度要比“合理的”更快一些。我在皇后坊一间破旧狭小的办公室，开始着手筹办少年飞行俱乐部，我在那里规划财政预算，订定员工守则和工作流程。

为了省钱，培训用的飞机吴博士决定以动力滑翔机来代替轻型飞机。动力滑翔机，就是能够自行起飞的滑翔机。我和一名曾在印度空军担任试飞员的顾问一起前往德国和英国购置滑翔机。我们到两国采购，是为了尽早购得滑翔机，让少年飞行俱乐部尽早起步。这项计划后来发展得非常成功：俱乐部学生会员中，最终成为飞行员的百分率比非会员高。也许，不少学生在入选前早有意要加入空军。因此具体数据是多少，我无从知晓。

同专家和年龄比你大的人一起工作，你学会了怎样让他们知道，你来的目的是协助他们取得成功，而非窃取他们的成果。

要是你能敞开怀抱，以开放的心态迎接你一无所知的事物，并接受它们，你的世界就大多了，世上有无数新奇的事物等待着你去探索。

出任这两个项目总监，让我获益匪浅。首先，同专家和年龄比我大的人一起工作，我学会了怎样让他们知道，我来的目的是协助他们取得成功，而非窃取他们的成果。其次，我还明白了如果你挑选所要从事的行业，那你立即就把自己局限在所知道的狭小兴趣范围里。要是你能敞开怀抱，以开放的心态迎接你一无所知的事物，并接受它们，你的世界就大多了，世上有无数新奇的事物等待着你去探索。就如我对防空高射炮和驾驶飞机原先是一窍不通，后来却让我学了很多。

创办少年飞行俱乐部是我踏足管理工作的第一步。所有的事，我按吴博士所制定的战略目标规划，但在执行时我有全权处理的自由，我能决定该做什么，什么还能做得更好等等。我开始掌握人事管理、财务管理、机构发展等方面的基本技能。在此之前，我从来没想过要学习这些技能，而这些学习正为我接下来在新机工程有限公司的工作打下基础。

新机工程有限公司

为了成立首支装甲部队，新加坡武装部队购入了V200军用装甲车。装甲车的基本保养由装甲部队营负责，高级维修则由新机工程有限公司全权负责，这家公司完全隶属于国防部。

这家公司的日常营运，由10名外籍专家负责执行。这10名专家，九人来自美国，一人来自英国。当他们的合同即将到期时，公司面对了一项重要决议，就是领导权是继续交给外国人，还是交给新加坡人自己掌控。当我被问到是否愿意接手管理这家公司时，我自然不会错过这个学习机会，一口答应。就这样，我和另一名同事，欢欢喜喜地前往新机工程有限公司报到。没想到，这些外国专家约满后，几乎所有人都离开，只有两人愿意留下和我们合作。

与员工沟通交涉，要有多重管道。

加入新机工程有限公司，我当了半年的副总经理，在1972年中升任总经理。原先的美国总经理和我们的关系一般，不太愿意和我们作交接工作，我并不为此烦恼。我用半年时间，制定出财务和人事守则，作好一切准备，静候我全权接掌新机工程的那一天到来。

工作了半年，流言随之四起。传说国防部的后勤司司长已经决定延长原有外国专家的合同，这意味着我和同事不会接掌新机工程。我们非常愤怒，竟然决定一起罢工！那几天，我们拒绝到新机工程上班，却跑回去国防部找前同事聊天。

这名后勤司司长，也是新机工程的董事会主席，他要我们去见他。这时，我们才感到惊恐，连忙为罢工一事道歉，毕竟这不是什么好事，幸好主席非常大度，他让我们回公司上班，我们当然照办。外国专家合同结束那一天，我们如期接管了新机工程，我成为新一任总经理，我的同事则担任工程部经理。

我是24岁那年当上了总经理。这家公司不仅全权负责V200军用装甲车的高级维修保养，也要对武装部队重达三吨的大卡车进行改装和翻修。我很快意识到自己所面临的挑战就是如何确保公司的成本效益和生产效率。我想出了一个好办法，确保有效控制公司的成本开销。我决定参与商业合同的竞标，我要新机工程能成功和新加坡其他大型车厂一起竞争。这样一来，就能为公司日后成为一家信誉良好的商业维修车行成功打下基础。与此同时，我们仍然保留公司兼备军用装甲车的设计、生产与翻修的特殊车行定位。

在新机工程工作期间，车行工人成立了工会，初期颇让我困惑，尽管后来证明工会的成立对公司的发展是有裨益。我加入新机工程时，公司并没有工会代表，我尽心尽力为员工营造优良的工作环境，给他们的薪金也公道。后来工人决定成立工会，总让我觉得自己有什么地方做得不好。不过，我后来意识到，要是工会能号召员工，恪尽己责，把工作做好，它事实上也为我提供了和工人沟通交涉的额外管道。

“杜绝犯错的惟一方法是无所作为，不做不错。但经最后分析，这却是最大失误。”

——吴庆瑞博士

一旦犯错，要立刻纠正过来。对老板和你自己来说，最糟糕的就是让老板突然接到坏消息。

我们先要学会管好自己，才好期许他人相信自己。

我在新机工程工作了三年，再度返回国防部。这回在国防部，我设立了新加坡人的管理团队，能直觉地辨识武装部队的需求与忧虑。我还建起了一个架构，确保我们的商业效益和效率。

1975年初，我在国防部后勤司的工程处当主任刚满一个月，就被委任为后勤司司长。这次的擢升出乎意料，却非常有趣、充满挑战，我也乐于接受。说实在，我在职场中的调遣多出乎意料，而且后来的任命都会运用到前期的知识与经验。我由此确信，背后有着隐形的推手和脑袋，在推动我向前。

我在后勤司仅一年半后，转任国防部的财政司司长，也只当了一年半。这期间，我都在时任国防部长的吴庆瑞博士麾下任职。

吴庆瑞博士的领导方式激情四射、能量充沛，也雷厉风行。他能即刻让你走马上任，也能马上让你退位让贤。在他治理下，任何欠缺经验，在时局不明朗时刻，不敢尝试的人都不会呆得太久。

一直以来，支撑着我的是吴博士对“犯错”一词所发表的名言：“杜绝犯错的惟一方法是无所作为，不做不错。但经最后分析，这却是最大失误。”新加坡武装部队成立之初，这句名言在部队里广为流传。它号召大家积极进取、探索未知，呼吁大家从失败中学习，它反复灌输敢闯敢拼的精神。于是，它造就了新加坡武装部队的急速成长。他们乐于尝试新事物，自信心提高了，也敢于挫败愤世嫉俗和多疑。但是，它并没有为犯错者打开大门。吴博士的条规是：一旦犯错，要立刻纠正过来。要是你在吴博士知道之前，还没有来得及去纠正错误，你最好先知会他一声。

许多人犯了错，往往只是简单地死命祈祷，希望错误没有被人发现，这种心态是让人吃惊的。他们不曾意识到，自己干的天大坏事就是让老板突然接到坏消息。对老板来说，你犯了错，最好由你亲口向老板通报。

其次，我们先要学会管好自己，才好期许他人相信自己。我们绝对不能让自负心或恐惧心妨碍学习的能力，以及尝试新事物的意

“良种马总比驴子好，良种马纵使跑得太快，偶尔需要拉紧一下，也总比驴子要踢一下才肯动好。”

——吴庆瑞博士

想要掌握大权，驾驭良种马的人，必须自信满腹、开通豁达，还要耿直忠诚、虚怀若谷。

愿。老板不会鲁莽地把事情交托给一个能力不足、不察觉事态严重的人，或是一个只会谦逊坦诚事情变得越来越糟的人。

为了让大家认识从错误中学习的重要，我后来担任财政部常任秘书，曾推出了一个叫作“知错学习奖”的年度奖项。这个奖颁给犯下最大错误，却从中学习到最多教训的人。得奖者必须站到讲台上，告诉大家自己所犯的错误，为大家说明发现失误和纠正失误的始末，再分享自己从中汲取的教训，供日后受益。

吴博士还有一句话说：“良种马总比驴子好，良种马纵使跑得太快，偶尔需要拉紧一下，也总比驴子要踢一下才肯动好。”吴博士对人才看重的是活力、动力和想象力。中层管理者也说要找有活力、有动力、有想象力的人。但事实上，对那些意见与他们相左的人，他们有所忌惮，那些闯祸犯错的人，会受到百般阻扰。因此，想要掌握大权，驾驭良种马的人，必须自信满腹、开通豁达，还要耿直忠诚、虚怀若谷。

在吴博士身上，我还学到了非常独特的一课，是关于军官在机构里所扮演的角色。吴博士期待军官撰写的政策文件清楚简练，知道相关的事要比他更详细。即便吴博士不尽然会同意军官的建议，但他认为该名军官曾经彻底思考过其中的问题。

吴博士对建议书附件的内容经常很感兴趣，总爱根据里面的资料来提问。如果该名军官不能解答他的疑虑，他就会觉得自己凭什么要参考这名军官所提的分析和意见。

在我出任后勤司司长期间，我负责军队所有的支援服务与物资供给。有一次，国防部正考虑一宗购置大卡车的合同。当时接到三个竞标。我综合考量初期购置成本、使用期及维修费用等多项因素后，向国防部建议采购A型卡车。可是，吴博士却认为应该购置B型卡车，因为他觉得该制造商能提供长远可靠的维修服务。吴博士把我叫到他的办公室，向我阐明他的看法。

一个领导人即便不同意下属的分析，不管什么原因，也绝对不能要求下属改变他们的意见，命令他们写出违背自己信念的东西，这将否定员工所作的努力、否定他们自身的价值和否定他们诚信和正直的价值观。

予以下属从错误中学习的机会。

身为一名反应机敏的参谋军官，我立即将报告书重写一遍，内容改为推荐B型卡车，并修改了所有的论据，表示支持B型卡车才是最好的选项。不料，吴博士再一次召见我，要我不要更改原来的建议来附和他的看法，他叫我把原本推荐A型卡车的报告书上呈给他。这让我暗自懊恼。我为了毁灭部长不认同我的建议的证据，狠狠地将原来的报告书全部撕毁。现在却必须重新写过，这可一点也不简单。因为那是只有打字机的年代，不像今天有文字处理软件那样方便。

不管怎样，我还是重写了那份报告，上呈给吴博士。吴博士将我的报告也转交到负责审理推荐的委员会主席财政部长的手上。在写给财政部长的信里，吴博士解释他为何推荐B型卡车，尽管由我带领的技术人员的报告书推荐A型卡车。

这个事件，让我学到了领导学的宝贵一课。下属的职责，是根据本身的知识和经验，分析和制订最佳方案。一个领导人即便不同意下属的分析，不管什么原因，也绝对不能要求下属改变他们的意见，命令他们写出违背自己信念的东西，这将否定员工所作的努力、否定他们自身的价值和否定他们诚信和正直的价值观。

更要命的是，这还会导致下属不再独立思考，成天只顾着猜度老板的心思。一个机构，正是因为无视员工的智慧、贬损他们的勇气，才会失去积极进取、想象力及革新精神。

吴博士器量宽宏，大度地予以下属从错误中学习的机会。他让我在担任国防部财政司司长期间享有一定的自由空间。通过实践学习，让我把国防部的区块预算管理做得炉火纯青。

在购买核心武器系统及不断增长的需求之间取得平衡，以便维持武装部队的作战能力，不是一件简单的任务，弄不好可能会导致内部纪律的紧张和造成开支上的严重疏失。于是，吴博士在国防部下令开展“节约运动”，以向财政部保证国防部不会穷奢极侈、大肆挥霍。

要培养出积极奋斗、创造力和革新的精神，你要：

- 赋予下属一定的权力，信任他们；
- 对他们保持高要求，以此探索他们的潜能极限；
- 切勿责罚那些达不到高要求的下属。

对他人的期望必须切合实际。

我们其中一个试验，是将原本不在内的个别武装部队单位也划入区块预算。在此之前，每个武装部队单位都有一笔标准额度，它根据军人日常饮食、军营清洁器具、办公室打字机等各种费用的平均值预先划定。我们从武装部队各单位的总开销着手，计算出适宜的使用配比，设定实际开销的平均值，得出每个单位的总额，之后再削减总额的15%，算出一个新总额。每个单位的用度以“区块预算”中的新总额为准。指挥官们对这一套灵活的制度非常满意，武装部队各单位也开始学习这些他们以前都不曾理会的开支数据。

试验效果好得出奇，取得双赢局面，连带起了许多互相配合的效应。我们备受鼓舞，决定进一步削减，从15%增至25%。结果，引起指挥官们哀鸿遍野，我们知道已超出可行限度了，最终将削减额订在20%左右。

从吴博士身上，我学会了如何在一个机构培养出积极奋斗、创造力和革新的精神。你必须赋予下属一定的权力，信任他们，并时时对他们保持高要求，以此探索他们的潜能极限，但切勿责罚那些达不到高要求的下属。

从吴博士身上，我还认识到，对他人的期望必须切合实际。吴博士曾想过在武装部队军营内种植木瓜树，一来可以善用土地资源，二来可为军队提供额外的营养。为了提高主动力，还制定了关键绩效指标，诸如木瓜和木瓜树的数量等。然而，尽管大家都竭尽所能，有的军营就是种不出木瓜，原因很简单，不是所有土质都适合木瓜树生长。即便这样，有些人不服输，少数单位仍不停购入木瓜和木瓜树，以便达到关键绩效指标。然而从结果显而易见，有的军营的木瓜树种来种去还是那样，怎么也长不大。最后，种木瓜的计划中止了。这个计划说明了一点：一旦大家畏惧道出真相，就会轻易动摇正直诚信的美德，白白流失学习成长的好机会和及时改正错误的好时机。

提升人们的自豪感与自我形象。

1978年中，我获任命为李光耀总理的首任首席私人秘书。1981年，我重返国防部，在侯永昌部长的带领下出任常任秘书，直到1994年。

新加坡武装部队的形象工程

1981年，我重返国防部，看到当时武装部队低落的士气令我大吃一惊。显然，我们必须着手提升军人的自豪感与自我形象。任何一个军队的作战能力，靠的不仅仅是强大的军备，还要有最根本的军人精神，就是强烈的使命感和敢担当的勇气。同等重要的，还有社会人士对他们的尊重和肯定。

长久以来，社会大众一直抱有“好男不当兵”的成见，认定只有找不到好的工作的人，才会从军。为此，国防部立下创举，成为首个通过媒体造势活动，来提高武装部队形象的政府机关。军人被冠以“国家卫士”的称号，一个只有足够优秀、值得信任的人，才配得上的殊荣。

媒体造势活动仅是造铸新加坡武装部队公众形象的其中一环，这里还涉及到更广的层面。我以推出军事步枪演练为例来谈谈。当时政府大厦的台阶前正准备举办一场全国慈善演出。我和武装部队的文工团团长商量，与其表演一场一般性的歌舞，是否能考虑呈献更具军事色彩的表演。文工团团长想了想，告诉我可以试试他在台湾见过的步枪演练。我点头同意了，于是他们马上着手准备。那天，新加坡人从电视的慈善演出第一次看到了军队的步枪演练，受到很大震撼。大家明白了新加坡武装部队的军人是接受纪律严明、精准无误的训练，否则，这样的步枪演练是不可能办到的。

只有倚仗着新加坡人的精神，才能确保新加坡独立和主权。而新加坡人的精神就在坚韧不拔的理性和温馨和善的感性，头脑和心灵的结合下，致力将新加坡打造成自由的国度，主掌自己的未来。

全面防卫

形象工程的背后还有一个重大讯息，就是任何人都要参与保家卫国的工作，一个都不能少。国防部借鉴瑞士、瑞典的经验，推出了“全面防卫”的概念。

“全面防卫”由五个环节构成：

- **军事防卫**
- **民事防卫**
- **经济防卫**
- **社会防卫**
- **心理防卫**

军事防卫，显然是新加坡武装部队的分内事。民事防卫，由国防部开启，后来转交内政部，成立了新加坡民防部队。经济防卫，由新加坡金融管理局、经济发展局等机构引领，努力为新加坡建立起强大的经济基础。社会防卫，强调新加坡人民在社区里守望相助、互助互爱，在维护种族与宗教和谐方面绝不妥协让步。心理防卫，则设定只有倚仗着新加坡人的精神，才能确保新加坡独立和主权。而新加坡人的精神就在坚韧不拔的理性和温馨和善的感性，头脑和心灵的结合下，致力将新加坡打造成自由的国度，主掌自己的未来。

“国民教育信息”很好地诠释了心理防卫的含义，它在学校及武装部队中传播推广。“国民教育信息”有六则：

- 新加坡是我们的祖国、我们的归属；
- 我们必须维系种族与宗教和睦；
- 我们必须任人唯贤、清廉正直；
- 我们必须自力更生；
- 我们必须依靠自己的力量来捍卫国家；
- 我们对未来充满信心。

要在工作环境孕育出探索、思考与进取精神。

国防部生产力运动

我重返国防部，出任常任秘书之际，国家生产力运动正开始推展，它通过经济发展落实生产力的概念和措施。

新加坡对生产力作了许多深度研究，尤其重视日本公司能保持不断进步的具体做法。日本能做到持续提升，重点在于改变工作人员的观念，鼓励并激发他们在各自的岗位进行或大或小的革新。这构成一个群众运动，鞭策和敦促每个人精益求精。

我于是找武装部队的长官洽谈，看看这个生产力运动是否也有可供军方借鉴之处。我们得出一个结论，就是：军人自身的探索、思考与进取精神，应当被视为新加坡武装部队作战能力的关键。部队在森林巡逻，为首的人拐了弯，立刻陷入形单影只、是死是活全靠自己的境地。我们的军人，因此必须具备全面思考的能力，还要勇猛机智地作出应对。

新加坡武装部队的组织，其内部本质上就是一个上下有序，严谨的架构。我们必须在这个架构悉心培养和推广独立思考以及积极进取的精神。国防部生产力运动，就以这个思维，在国防部和武装部队的高层领导下，顺利开展。

国防部生产力运动的基础，是建立在一套“建议体制”上。它鼓励小组或个人提呈建议，协助国防部和武装部队改进。为了表示对建议者的感谢与认可，建议无论大小，都得到嘉奖。

另外一套机制则是建立“工作改进小组”，提倡思考、提问、进取与革新。这个机制，类似日本公司常见的“品质管理圈”，它鼓励团队里的每一名成员，在工作环境携手解决难题。

“建议机制”向参与者寻求解决方案，找机会进行有必要改进的地方。工作改进小组则从绩效不显著的个案揪出问题症结，清楚列明可以改进的解决方法，以取得全面提升。国防部生产力运动涉及改进的领域，还包括军人的福利、领导人的培养等多方面。

培养潜力。

升职的原则，要以功绩为准、以功劳为先，不得违反。

没有人会单凭有潜力而获擢升，所有的升职必须以表现为依据。

当前潜力评估系统

如何培养武装部队的高级领导？一直是我们深思的课题。当时的李光耀总理偶然注意到蚬壳国际石油公司的一项评估系统。它通过一套严谨的评估来辨识有可能成为高层者的潜力，从中挖掘未来的领导人。

几名常任秘书因此被派往伦敦学习蚬壳国际石油公司的“当前潜力评估系统”。“当前”一词，强调一个事实：任何潜力评估都只是当下状态的预估，此人日后的成绩可好可坏，要看后来的表现。

蚬壳国际石油公司的“当前潜力评估系统”，主要评估人的四种属性：分析力、想象力、现实判断力，还有一个名为“直升机式鸟瞰能力”。这四个属性，能为这个人的潜力提供良好的指标。所谓“直升机式鸟瞰能力”，指一个人既能像直升机从高空摄取全景视角，宏观以广大的视野观察大局，也同时能像直升机在低空盘旋，微观抓住细节。

我认为这个系统非常有意思，决定试试看。我适当地修改后，便在国防部推行，要求每名军官每年都要接受表现以及潜力的评估。不过，整体表现仍以功绩为准、功劳为先。没有人会单凭潜力而获擢升，所有的升职必须以表现为依据。有高潜力的军官要是不能将潜力转化成表现，就不会获得升职。具备高潜力，又有强劲表现的军官，擢升会比低潜力的军官来得快。

另外，为配合武装部队的特殊需求，每名军官还要接受“当前指挥潜力评估”，评估他们的指挥潜力；还有“当前参谋潜力评估”评估军官在参谋事务上的能力。专业领域，譬如医药、工程方面的军官，也参加“当前专业潜力评估”，评估军官在特殊专业方面的潜力。这一切的努力，都是为了建立起一套能了解武装部队内部人员领导潜力的精密系统，为军官的成长和升迁，打造一套更为公平合理的制度。

筹划未知的将来，并做好准备。

模拟情景规划

从蚬壳国际石油公司学来另一套创新方法，就是国防部后来推介的“模拟情景规划”，用以协助各部门为应对未知风险做好准备。

“模拟情景规划”设计出多种潜在合理的、有可能发生的情景，但不会指明情景发生的概率。虽然某些因素在预测上相当准确，例如人口统计等，但是不少不确定因素也还存在，它会影响世界走向。各部门可以时时借鉴摊开来的各式情景做好准备工作，思考如何减缓它们所带来的负面影响。这套规划，协助武装部队制定出多种计划和策略，应对未来的多种可能。

总而言之……

我在国防部担任常任秘书13年，日子过得既紧张、刺激又动力十足，让我非常有满足感。在工作上我有很大的自由，可以尝试改革与创新，做多种试验。捍卫新加坡的安全，我认为必须进行深入的思考、丰富的想象以及不间断的实践学习。我们必须妥善运用国家和各部门的财力及人力资源，把一切做到最好，确保武装部队能展现最高水平的战斗力。这里边既要有一股坚韧的精神，能临危不惧、坚定不移地作出困难的抉择。同时，也需要一颗温暖的心灵，怀抱着新加坡人的希望与梦想，追求和平、安定，为自己和子孙创造美好未来。

在国防部，我学会怎样去提升所有人的士气，振奋他们的心灵，学会怎样去辨识及培养新的一代领袖，学会怎样去筹划未知的将来，并做好准备。这些感悟，是我离开了国防部，在后来的12年转战其他三个政府部门，直到退休告别公共服务领域，才清楚明白的。

挑战 四

从实践中学习

我的长孙女刚满一岁。有一天，我看见她想从盒子里取出一小管牙膏。她的手指头又细又小，根本没有力气把那管牙膏拉出来。她很生气，抓着盒子不停地摇。盒子被倒转了过来，那管牙膏也就突然间掉了出来。

牙膏取了出来，她又想把它放回盒子。她把盒子朝上放好，把牙膏放进去。

那之后呢？她把盒子倒转过来，让牙膏再次掉出来。接着，又把它放回盒子里。一次、两次、三次……不停地让那管牙膏掉出来，又不停将它放回盒子里。

这究竟是怎么回事呢？

原来，她正享受学习的乐趣，她学会了从盒子取东西的新方法：可以把牙膏拉出来，也可以倒转盒子，让它掉出来。

从她这个学习经历，我也学到了很重要的一点……

模仿是学习的一个好方法，别人怎么做，我们就跟着做。但是，这也意味着，我们只会落于人后。

如果我们想要超越，就要学会做实验，尝试新方法，把事情“倒转”过来，看看会发生什么状况。

个中要点，就是要从实践中学习。光说不动，没用！光想不动，也没用！要有行动！

中国有句古语，阐明实践的重要性：

“不闻不若闻之，闻之不若见之，见之不若知之，知之不若行之。学之于行之而止矣。”

这就是说，在学问和道理面前，未曾耳闻比不上略有所闻，有所耳闻不如眼见为实，眼见为实不如明晓事理，明晓事理不如亲自实践，学习最终要实践出来。

遍观生活周遭，难道不是这样吗？只有动手做，你才会明白该做什么、怎么做和为什么要做。

只把这些记下来是不够的，要思考怎样把公共服务的价值观——正直、服务和精益求精，付诸行动。实践起来，让它成为生活的一部分，试了又试、做了又做。不要用老方法，要用新方法。

从实践中学习。

第四章

人没有一件事是白做的。

过去的一切，都是我们日后发展
的基石。

第四章

通往成功的制度

从我许多改进新加坡政府部门的工作里，我发现其实人人都想把工作做好，都想取得成功。身为长官所能给予员工的至高感谢与认可，其实是尽量给他们机会在工作的过程中发挥潜能。

显然，在国防部工作多年的历练与实验，不仅和我日后的工作息息相关，也让我在日后的工作部门有了倡议变革和领导革新的底气。人没有一样事是白做的，过去的一切，都是我们日后发展的基石。

1995年天赐良机，我凭借着在国防部累积起来的经验，得以推展一项引领新加坡政府部门为追求卓越而奋战的大型运动。这个运动，全名为“21世纪的公共服务”，简称“PS21”。在下章我会详细说明。

1994–1998：总理公署的公共服务署

1994年至1998年，我在隶属总理公署的公共服务署工作。公共服务署主管政府公务员的人事政策，但我认为，它的职能不应仅限于提供人事资源，它还应当向政府各部门阐释公务员所为何事，公务员为什么存在，以及思考如何以高素质和合乎礼节的规格，向新加坡公共和私人企业提供他们所需要的服务。尤为重要的是，公务员的服务不仅要应付当下需求，还要预见日后所需。

公务员的服务不仅要应付当下需求，还要预见日后所需。

“当前潜力评估系统”不仅观察公务员“做了什么”或“怎么做”，还进一步关注这名公务员“为什么这样做”或“为什么不那样做”，来分析问题、设想对策，并寻求可行方案。

尽管新加坡政府的民事服务在国际上广受推崇，被视为佼佼者，但我深信我们还能在“持续和可持续”这个基础上做到世界第一。我订了以下的工作来达到这个目标：

- **把全面评估公务员潜力与表现的人事机制制度化；**
- **通过“PS21”，全方位追求卓越、精益求精；**
- **把“模拟情景规划”列入制度。**

第一项取自我在国防部推行的“当前潜力评估系统”及人事机制，第二项来自推动国防部生产力运动的经验，第三项则来自我在国防部内部推介的“模拟情景规划”。这些大规模的行动，其实早已在国防部推行，并且都已经证明有效。我在国防部积累的上述经验，最终也协助了我让更多公务员接受或尝试接受为民事服务进行改革。

当前潜力评估系统

早在我1994年加入公共服务署之前，“当前潜力评估系统”已在几个政府部门开展。我认为如果想帮忙公务员把事情做到最好，单看他们的表现不够，还要悉心审核他们的潜力所在。“当前潜力评估系统”不仅观察公务员“做了什么”或“怎么做”，还进一步关注这名公务员“为什么这样做”或“为什么不那样做”，来分析问题、设想对策，并寻求可行方案。

为了减少偏见，我引介了一个既严谨又系统化的方案：我们依据级别来评估每名公务员的表现与潜力，之后再决定他们的升职、加薪及花红。尽管如此，也没有人敢说这套系统没有瑕疵，是绝对公平。因为评价人的过程本来就很主观，也总有人觉得自己没有受到公平待遇。我们要考虑的实际问题是，有了这套系统，是否真能对民事服务，乃至公务员整体来说是有好处。

“21世纪的公共服务（PS21）”关注以下课题：

- 怎么让人乐于接受变革？
- 怎样尽量把预判变革的工作做得最好？
- 怎样以最高的效率和效力去进行变革？

公务员的服务及表现视乎客户的需求，以及要符合上司不能浪费金钱和时间的要求。为了满足这些高要求，必须以关注他们的福利为出发点，这不仅限于他们在物质方面的需求，还包括社会、精神与情感各方面的需求。

引介“模拟情景规划”到民事服务来，是要建立起与政治领袖之间的“对话”桥梁，为新加坡作长远的规划。

21世纪的公共服务（PS21）

推出“PS21”，目的在鼓励公务员以自己最好的表现，协助所属的部门做到最好，以便让所属的部门以今天最佳的状态去展现明天的潜力。“PS21”通过人来改善部门，而“当前潜力评估系统”则关注个体。它阐述怎么让人乐于接受变革？怎样尽量把预判变革的工作做得最好？怎样以最高的效率和效力去进行变革？

“PS21”还指出，公务员的服务及表现视乎客户的需求，以及要符合上司不能浪费金钱和时间的要求。为了满足这些高要求，必须让员工接受良好的训练，允许他们发挥主动性和想象力，不断从经验、尝试和失误中学习。为此，必须以关注他们的福利为出发点，这不仅限于他们在物质方面的需求，还包括社会、精神与情感各方面的需求。我们的看法是倘若无法让员工相信所属的部门是确实在乎他们，那又怎样期望他们去为部门奉献自己呢？

模拟情景规划

引介“模拟情景规划”到民事服务来，是要建立起与政治领袖之间的“对话”桥梁，为新加坡作长远的规划。虽说当选的政府对来年，或三五年的规划相当自信，但没有人能预见未来10年、20年，甚至是30年会如何发展。而实实在在，一个国家是非常需要有长远的规划，才能为面对日后的各种变数做好准备。

以教育为例，教育过程始于小孩入学前。从小学到进大学前，共计12年，任何人在规划教育发展，都要考量10多年后的需求。同样的，在国防、房屋、医药健保，还是城市规划、土地开发、水源供应等等的规划，也都要预见未来。

模拟情景规划对幅员狭小和资源匮乏的新加坡来说，因此更为重要。新加坡能否生存或能否成功，就看新加坡人够不够机警、灵一个国家非常需要有长远的规划，才能为日后的各种变数做好准备。

模拟情景规划对幅员狭小和资源匮乏的新加坡来说，更为重要。

活，是不是实事求是？有没有创新力、坚韧力、勇气、领导力和进取心。

我将“模拟情景规划”设想成一座沟通桥梁，促使高级公务员与政治领袖互相了解，以便共同描绘新加坡的未来面貌，并思索新加坡在不同情景中的定位。

我们设计的第一组国家情景由外在的地理、经济情景，以及两个国内情景组成。分别名为“新加坡酒店”和“分裂的家园”。

“新加坡酒店”假设新加坡人在国家面对异常严峻的挑战，采取离开而非留下来为有难的国家奋斗的情景。“分裂的家园”则假设新加坡被不同的种族、宗教，以及收入差距等因素所分裂的可能性。

要谨记的是，这些情景并非预言，它们尽管恶劣，但并非不会发生。在规划上，他们用处极大。由此，我们可以制订并执行适当的应对策略，减低没有早料到这些情景所带来的负面影响，也可在情景成真时及早把握机会。这个做法，目的在借知识和技能的辅助，协助新加坡人以坚强的毅力与决心，为将来做好准备。

1997–1999：教育部

1997年，我进教育部。在那里我看到了一群动力十足的教育工作者，坚信自己奋斗的目标是有价值的。他们满腔热血，要凭借自己的双手，塑造国家的未来。不过，也在那里，我发现这套教育制度急需一个通盘的检讨。

我召集320名任教不同程度的教师来开会。我向他们表明，有32个课题是高层领导认为已经到了需要检讨的时候。这320名教师，紧接着依次和更多的教师开会，他们彻底去了解这些课题，并从而衍生出许多着手提升和改进的想法。

新加坡的教育制度可概括成三个阶段：

- 生存导向
- 效率导向
- 能力导向

检讨的结果，简单地把新加坡的教育制度从自治政府起概括成三个阶段：

- **生存导向（1959–1978）**
- **效率导向（1979–1996）**
- **能力导向（1997年以后）**

生存导向的阶段：始于1959年，在新加坡1965年突然独立时，取得了立竿见影的卓著成效。这个阶段历时19年，重点是大力开设新学校，让每名孩童都能上学，最少能上小学。学校飞快盖起，教师数量几乎翻倍，但“耗损”也大。这个“耗损”之大，从国防部要为武装部队设立“福建兵排”，要用福建话发号司令而非英语或华语可见。这表示到军队来服兵役的全职国民服役人员，离开学校之时，只能明白福建话，完全听不懂在学校学了多年的英语或华语。当时，福建话是华人最广泛使用的方言。

效率导向的阶段：自1979年开始，长达17年。特点是：（一）使用总部编制的教材，辅助许多缺乏教学经验的新教师去把书教好；（二）根据学生的学术能力，广设多种源流。由于学生人数相对较多，把能力相近的学生合成一班，教师上起课来比较得心应手。随着教师数量不断增长，教师逐渐建起自信，教育部逐渐赋予更多学校灵活度和自主权，来教导校内不同能力的学生。这个政策在1997年全面检讨后成形。

能力导向的阶段：自1997年起，着重协助每名学童发挥自身潜能，不仅重视学术领域，也看重非学术领域。这个导向与“重思考的学校，好学习的国民”运动一起展开，学校订立各自努力的目标。教育部总部的角色也从指导学校，转向鼓励学校、支持学校有更好的表现。

教育制度的下一个阶段应当以价值为导向，注重培养学生的：

- 思考能力
- 进取心
- 自信心

这个阶段推行至今已超过15年，差不多等于一个小孩从小一到大学毕业的时间，因此也是时候要检讨了。我预计下一个阶段应当以价值为导向，注重培养学生的思考能力、进取心与自信心。

我在教育部的短短两年，看到了不少新想法和可能性，我也听到许多投诉的声音，呼吁教育部专心做好几个项目，不要在同一时间作出太多变革。

针对这些反馈，我是这样想的：教育制度是很独特的制度，课程内容由专家在教育部总部设计和制订，评断他们课程的成功与否，却要取决于它在学校被采用和教学的效果。每所学校，又要根据校内学生不同的背景、能力和兴趣，来决定应用哪些课程，用到什么程度，速度有多快等等。同校学生已有差异，不同学校学生的差异更大。

我因此认为校长应当拥有一定的权力，让他们根据对自己学生的了解，来决定怎样落实教育部总部发来的新提案。因此，不应限制总部发出新提案的数量，权力应该交由校长来决定该教什么、采用什么。

我对在教育部工作的那段时光，感到十分开心、满足。教师和校长的士气提高了，工作的焦点都在学生身上，就和其他国家一样。我们根据学生的能力来增强他们的自信心和自立的能力，培育他们终生学习的热忱，从而构建他们的未来。我们也让学生领悟到生命的最大满足，不是索取和获得，而是付出和奉献。

教书作为一门专业有它独特之处，和其他职业有着显著的区别。一般职业，每个人都有自己的角色，去辅助老板达成他的愿景和去完成公司的使命。要是哪个员工不能扮演好自己的角色，受苦的是老板。因此，员工要是犯了什么错误，老板有充分的理由协助他做好，或请他离开。

教师作为一门专业有它独特之处。

教师所经营的，是难以下定义的成果，是“帮助每个孩子发挥自身的潜能”。最终对教师工作的评估，还在于孩子自身的潜能是否得到充分发挥。

正是因为教育这项异常的特质，若要确保学生的潜能被发挥得淋漓尽致，取得卓著的成果，则教师的士气、奉献之心及动力至关重要。

树立教师崇高的地位，给予教师全力的支持，协助他们圆满达成任务，就是经营一个伟大教育制度的关键所在。

假使老板的愿景有误，致使公司不能达成使命，老板地位不保是很快的事。因此，老板必须确保自己的愿景与公司的使命一致，同时确保自己的员工也能努力去同步配合。

这一切，都与教书有着很大的差异。教师所经营的，是难以下定义的成果，是“帮助每个孩子发挥自身的潜能”。谁能为“潜能”下定义？谁能辨识这些潜能？又有谁能协助孩子发挥自身的潜能呢？这个人，就是孩子的老师，有赖于这名教师的自我承诺和无私奉献，竭尽所能、尽心尽力地去帮助他们所照顾的孩子。

要是该名教师做不到这些，却与老板（比如校长）相处甚欢，他可能不会惹上什么大麻烦，孩子却因为得不到这名教师应有的指导、支持和关注而受苦，这却是校长无法知道的。校长对学校的发展也许有自己的愿景，也同样期待他的教师会全力配合，共同达成这个愿景，不过，最终对教师工作的评估，还在于孩子自身的潜能是否得到充分发挥。

正是因为教育这项异常的特质，若要确保学生的潜能被发挥得淋漓尽致，取得卓著的成果，则教师的士气、奉献之心及动力至关重要。因此，树立教师崇高的地位，给予教师全力的支持，协助他们圆满达成任务，就是经营一个伟大教育制度的关键所在。就如当初我在武装部队为军人打造高昂的士气与自我荣誉感那般，我在教育部也尝试做树立教师的地位及自我认同的工作。

1998–2006：财政部

1998年到财政部上任，我才意识到新加坡财政部的官员和其他国家一样，自视为国家的财务总管，管着各部门的预算。他们时不时就断定各部门的预算，总是要求过多，因此，只要努力削减预算，就算把事情做好。

部分官员认为削减预算有必要，也乐而为之，我却觉得削减预算既扫兴，也没有必要。多年来，政府机构已学会提呈超额预算，

“再投基金”的理念，是为扫除所有“讲故事”和浪费时间的讨论，并让财政部负责预算拨款的职员摇身一变，成为协助新加坡未来发展的积极分子，为最新最好的想法提供资金。

好让财政部官员欣喜地大力削减，最终让双方都满意。提呈预算案的时候，也成了各部门“讲故事”的时候，大家都极力推销自己的提案，费尽唇舌去说服财政部。

我决意要改变这种操作方式。依我在国防部采用“区块预算”的经验，我认为让各部门制订“区块预算”是个好办法。为取得“物超所值、钱尽其用”的成果，我让他们提前确立开支预算，扩大能自行决定的范围，估算单位的开销，并鼓励他们追求卓越、精益求精。

首先，我们取各部门近年来的开销平均值，作为国内生产总值的百分比，接着加上翌年财政年度预估生产总值的增长，再扣除一个假定的“生产力红利”。而后，财政部会告知各政府部门“区块预算”的数额，各部门再回复财政部他们将采用何种指标以确保资金不被滥用。所有收到的“生产力红利”，会被存入名为“再投基金”的中央金库。任何部门的新企划，需要额外资金，皆可提出申请，从“再投基金”中获取资金配给。

政府部门的各种新想法和各种企划，都必须通过彼此竞争来获取资金。至于日常运作费用是一定能获得拨款，无须费唇舌。这样一来，所有“讲故事”和浪费时间的讨论，随即一扫而空。财政部负责预算拨款的职员也毋需兼任“警察”，追捕那些没有提防的政府部门。他们摇身一变，成为协助新加坡未来发展的积极分子，为最新最好的想法提供资金。结果，财政部相关人员的目标感以及士气立即获得提升，每个人都在为自己理想中乐见的新加坡努力奋斗。

我的另一项创举，是使用“平衡记分卡”。在私人公司，使用“平衡记分卡”不仅在推动公司的财务业绩持续发展，也能根据所投入的人力和流程，评估业绩表现的持续力。使用“平衡记分卡”时，各部门须界定及监督他们所追求的重要成果，计算流程财政部推行“平衡记分卡”，让成果成为行为的推动力，而非预算。

“财政部之道”(THE MOF WAY)就是：

- 鼓励人员，以提升服务品质的创意和动力自豪；
- 克服制度和政策里的一切障碍，取得长久的优秀成绩；
- 为客户提供创新和高品质的卓越服务。

中所花费的财政资源，审核寻求更高效力与效益的整个流程，监督人员的培训和培养，以便确保工作表现能够持续。其实，预算不是人行为的推动力，成果才是行为的推动力，预算只不过是必要的支援。

为了对财政部的策略进程提供方向，我提出了“财政部之道”（THE MOF WAY），概述在一个健全、开放的氛围中，如何通过领导和制度管理精益求精。这个框架以财政部的核心价值观：正直、关怀、创新、团队，以及卓越或远见（I-CITE，英语发音与eyesight近）为主轴，引领着财政部团队在以下三方面的运作表现：

- 鼓励人员，以提升服务品质的创意和动力自豪；
- 克服制度和政策里的一切障碍，取得长久的优秀成绩；
- 为客户提供创新和高品质的卓越服务。

“财政部之道”把“人”设置为一切成就的源头，以制度铸造效率、持恒力及持续力，为公民及客户奋斗。简单一句，“财政部之道”，就是以人为本，以制度为导向，以公民及客户为重心。

离开民事服务以后（2006年至今）

担任公务员首长时，我曾设定一个条规，就是凡在多个部门出任常任秘书或副常任秘书两项高职的公务员，必须在任满10年后退休。2006年，我59岁而非62岁法定退休年龄，就从民事服务退休下来，正是遵循了这一规定。推出此项规定，目的是确保人才流动，我坚信民事服务的高层领导替换必须是一个有纪律、有组织及系统化的过程。要是最高领导层没有固定的任职期限，年轻一辈可能趁年轻就决定离开民事服务。长远来看，这会对政府机关的职能造成严重的后果。政府本就是一个复杂的机体，培养一名公务员成为高凡在多个部门出任常任秘书或副常任秘书两项高职的公务员，必须在任满10年后退休。推出此项规定，目的是确保人才流动，让民事服务的高层领导替换成为一个有纪律、有组织及系统化的过程。

层领导，必得让他到不同岗位任职，去探索、去学习，让他建立起联系网络。

此前我非常憧憬退休后可以含饴弄孙的生活，我要看着孙辈们成长，以为可以在他们身上，实践从前未能用在儿女身上的想法。

所以，当我接到出任经济发展局主席这项差事时，我并不太愿意接受。然而，作为一名基督徒，我决定诚心祈祷，把它交给上帝决定。上帝提醒我，我的民事服务生涯虽然历尽调遣，却没有一次是我主动要求的，所有一切都是上帝的旨意。而这项新的任务，也是祂为我安排的下一步，我因此接下了担任经济发展局主席这项新职。

经济发展局的使命，是吸引、推广并支持所有对新加坡的直接投资，强化新加坡的经济表现，创造新加坡未来经济的优势。出任经济发展局主席一职，又给了我全新的体验，我要推销新加坡成为一个区域的商业活动枢纽。

经济发展局的定位，一直都是放眼未来，这像极了以往我在国防部、总理公署、教育部及财政部的任务，我再一次参与建构未来的事业。一直以来，我都认为通过大伙把事情做到最好，大家一起“创造未来”是一门热血的事业，任谁都会卯足全力，因为这个目标既有趣味、有挑战性，也极富意义和价值。当大家都全心全意一同奋斗时，所涌起的自信心就会让他们变得无坚不摧，还能化腐朽为神奇。

一年以后，新加坡政府投资公司这一管理新加坡外汇储备的政府基金管理公司又找上了我，聘请我出任公司的集团总裁。同样的，我认为这不是我想要的退休生活，于是一连两次拒绝了他们的邀请。但是到最后，上帝再次提醒我相信祂，我终于接受了他们第三次的邀请。

只要我们掌握正确的思想和方法，未来的道路，就会一片光明。要不然，士气低迷、疲软、关系破败是在所难免，还会平白浪费人力和机构的潜能。

我有两年同时担任经济发展局和政府投资公司要职。直到2009年，才全职投身新加坡政府投资公司。我相信，上帝有祂的旨意。有的情况，我们很快就能参透；有的情况，我们恐怕穷尽一生也参透不了。

总而言之……

在我曾任职过的每一处，都遇到许多宝贵的机会，能让我作出变革。当中，最重要的，莫过于拥有特权去帮助大家找到工作的目标，以及给予他们机会去把自身的潜力，发挥得淋漓尽致，去为一个有意义的明天贡献自己。

在下一章，我会讨论“PS21”和治国之道。“PS21”是一项民事服务为追求卓越而奋斗的运动。接着，我会探究机构里必须具备什么样的文化与价值观，才能长久取得杰出表现。

我认为只要我们掌握正确的思想和方法，未来的道路，就会一片光明。要不然，士气低迷、疲软、关系破败是在所难免，还会平白浪费人力和机构的潜能。

挑战 五

想了再想　不停地想

20多年前，我曾和一名在日本留学的新加坡人聊天，他当时在新加坡一家日本公司上班。那时正值国民生产力运动开始，新加坡人求知若渴地想从日本那里学习生产力知识，越多越好。

我问他说："日本人和新加坡人有什么差别？日本公司为什么能让所有员工不停地想办法去改善工作？这是怎么做到的呢？为什么日本人能推陈出新，设计和制造出许多上乘之作，如日本汽车、日本相机。这是怎么做到的呢？"

他回答道："一切都是从小开始。日本人从小接受的教育就是思考自己在做什么、为什么要这么做。这是为什么日本工人会不断想出更好的工作方法、想出更好的事情去做。

"举个例子说，一个日本父亲正在往墙上挂一幅画，他让儿子取一根钉子。要是儿子只把一根钉子拿来，父亲会问他：'锤子呢？'儿子会说：'对不起，我没把锤子带来。'然后赶快去把锤子拿来。

“现在，再想想一个新加坡父亲在往墙上挂画，他要儿子取一根钉子。儿子只把一根钉子拿来，父亲问道：‘锤子呢？’你认为儿子会怎么回答？他会说‘对不起’？还是他会说：‘你没叫我拿锤子来。’”

我们不应只做别人叫我们做的那件事，我们要常常自问：“我这样做是为了什么？”之后，再看看我们还应该做些什么？想想有没有其他更好的办法去做，想想做什么完全不同的事情可以更有用、更通情达理、更高效？这能让我们精益求精，把事情做得越来越好。

请牢牢记住，不要只拿钉子，锤子呢？要不要把画挂到另一面墙？还是挂另一幅画？还是不要挂画，换个雕塑怎么样？我们挂画的目的何在？是要美化房间吗？

请想了再想，不停地想。

第五章

“制定条规是政府的职责，在不侵犯他人自由的情况下，给予一个人最大限度的自由。而教化人心，那是上帝的事业。”

——吴庆瑞博士

第五章

治国之道与21世纪的公共服务

你举办狂欢派对受到邻居投诉，警察会找上门来，这是新加坡的规矩。倘若此时已过午夜时分，警察会请你停止喧闹，好让左邻右舍能安静睡觉。

我曾和吴庆瑞博士讨论这个条规，他的话发聩震聋，引我深思。他说，设立这项条规是为了对大家都公平。人们可以大声嬉闹、歌唱，享受美好时光，但一切必须在午夜之前结束。午夜以后，必须还左邻右舍一个宁静的睡眠环境。

我提出为什么不教育人们，让大家了解自身的社会责任，自觉去为邻居着想。这样，他们自然不会大肆喧哗，干扰邻居，也许早在午夜前，他们就会自发地关掉音乐。

吴博士的答复依旧务实，并且蕴涵深刻哲理。他说："制定条规是政府的职责，在不侵犯他人自由的情况下，给予一个人最大限度的自由。而教化人心，那是上帝的事业。"这太棒了！既完美诠释了政府所扮演的角色，也道出了有些领域是政府无法主宰。

政府的角色

政府扮演什么角色呢？

一般而言，政府是为维持一个国家的稳定和安全，法治和秩序而存在。它担负起一国之责，确保经济发展、社会正义以及全民政府扮演的角色是：

- 掌舵人和管理人
- 养育人和辅助人
- 召集人和聚集人

对于第三种角色——召集人与聚集人——政府显然做起来不那么畅顺。因为结果往往难以预测，常陷政府于两难之中。政府一方面摆出乐于倾听民意的姿态，另一方面却还未做好行动的准备。

随着人口结构的变化，政府如果只专注于前两种角色，而不更积极于第三种角色，政府将有流失民众支持的危机。

参与。为民服务时，它审慎动员公共领域、私人领域与社区领域（某些国家称为“第三领域”）各方力量合作，以确保有效率和有效力。

传统的政府扮演着掌舵人和管理人的角色：它掌控国家资产，管理及推动社会、经济机能运作，为国民提供安全、安定、法治和秩序。这是政府在公共领域的基本职责。

此外，政府还扮演着养育人和辅助人的角色。任何活动，只要能改善人民日常生活，促进国家和经济发展，政府都会从旁鼓励、推广、开展，并批准。这一职责，主要关涉私人领域的商业活动，以及社区领域的社会服务。最后，政府还是召集人、聚集人。通过各种管道，召集各方人士发表意见，倡议、讨论、辩论不同建议的优缺点，并把最佳建议纳入行事框架中，政府以人力和物力来推广和支持。这个层面涉及社区领域，需要国民参与国家的建设和运作。此外，还需要政府提出种种协助，方能成事。

对于前两种角色——掌舵人与管理人、养育人与辅助人——政府显然非常在行，因为它所采取的行动，与相对应的结果，掌控起来相对容易。

然而，对于第三种角色——召集人与聚集人——政府显然做起来不那么畅顺。因为结果往往难以预测，常陷政府于两难之中。政府一方面摆出乐于倾听民意的姿态，另一方面却还未做好行动的准备。然而，随着人口年龄、教育水平、经济收入提升的改变，人民也渴望对政府推出的政策拥有参与权与发言权。再加上民众和媒体、世界广泛接触后，种种因素都表明政府如果只专注于前两种角色，而不更积极于第三种角色，政府将有流失民众支持的危机。

新加坡总理李显龙先生在2004年10月23日的演讲，明确表明新加坡政府的一套治国理念，这些理念也许是新加坡独有的。新加坡从1959年自治，再经1965年独立至今，一系列的治国政策都遵循以下四大原则：

治国之道的四大原则：

- 领导能力是关键；
- 预测未来的改变、与时并进；
- 从工作得到报酬，为了报酬而工作；
- 人人同国家利益相关、人人都有机会。

政治领袖负责制订政策，公务员则以最好的办法执行政策。

公务员的服务必须保持公正，但非中立。

为民服务时，公务员必须以公正和尊重的态度，面对各种族、各宗教以及不同社会经济地位的人。但公务员在推行政府的政策时，却不能中立，因为他们是国家政策的执行者。

- **领导能力是关键**：领导人要高瞻远瞩、有远见、有愿景，兼备勇气、正直等素养，也须具有坚定的信念，去做正确的事，而非受欢迎的事。
- **预见未来的改变、与时并进**：要开放和包容各种新思维，不停检讨过去的想法，但不陷进过往的泥沼中。
- **从工作得到报酬，为了报酬而工作**：国家没有亏欠人民什么，我们必须自食其力，在个人责任和国家适度的安全网间取得平衡。
- **人人同国家利益相关、人人都有机会**：创建开明和包容的社会，培养国民归属感和拥有感。

政治领袖和公务员的角色

人们常问："政治领袖和公务员各自扮演着什么样的角色？"

政治领袖负责制订政策，公务员则以最好的办法执行政策。虽然公务员也协助发展政策，但首先还是要把政策执行得好，使它持久。

界定政策的成果，既是政治特权，也是政治责任。政治领袖要评估怎样的政策成果最符合国民的需求和意愿，而非让公务员在众多意见和选民的意愿之间作出裁定。

所以，公务员的服务必须保持公正，但非中立。这句话很简要也很清楚说明这个原则。为民服务时，公务员必须以公正和尊重的态度，面对各种族、各宗教以及不同社会经济地位的人。但公务员在推行政府的政策时，却不能中立，因为他们是国家政策的执行者。

因此，公务员的首要角色是提供服务，他们面对的挑战是要以高素质和合乎礼仪的尺度来确保服务是有效率和有效力，是反应灵敏，是负责任的。

政府提供的服务须回应两个动向：

- 一个对政府有更高要求、更要表达意愿的广大群众；
- 经济已经全球化。

政府服务必须学会以更创新的方法来预见和满足未来的需求，加大国家在未来的竞争中抢占先机的能耐。

“PS21”是一项以变革为目的的挑战，这个挑战不是指一个最终形态的变革，而是指接受变革是一种需要，认清变革乃是常态的挑战。

健全治国之道的基本原则

健全治国之道的基本原则，在于建立一个廉洁、有效力的政府，要任人唯贤、杜绝贪污，要高效灵活、反应灵敏、公正平等。而且，今天成功，不能保证明天依然成功；尤其当明天和今天只有少许相似，不能早早及时作出变革，往往就错过好时机了。

未来的世界将更加复杂，资讯爆炸、信息流动又快又广，也更难以预料、更难以迅速应对。对此，我们不禁要问，这套治国之道的基本原则在将来是否还能奏效？

而且，政府提供的服务还须回应两个动向：一，一个对政府有更高要求、更要表达意愿的广大群众；二，经济已经全球化。

政府服务必须学会以更创新的方法来预见和满足未来的需求，加大国家在未来的竞争中抢占先机的能耐。为此，新加坡的政府部门发起了一项要求全体公务员精益求精的运动。它的目标是在21世纪，新加坡政府部门服务的能力和执行表现，要达到最高水平。

21世纪的公共服务"PS21"

"21世纪的公共服务"，或称"PS21"，发动于1995年5月。简单来说，它是一项以变革为目的的挑战，这个挑战不是指一个最终形态的变革，而是指接受变革是一种需要，认清变革乃是常态的挑战。

大部分公务员履行职责时，基本上都循规蹈矩、参照先例，这丝毫不难。尽管规章都被证明有效，先例也都是过往的成功例子，但从前的成功并不能保障未来也能成功。因此，一致性与连续性，这被公认为公共服务的必须美德，终会对这个制度造成最大的局限。惟有在制度中注入灵活性与进取心两大素质，才能挣脱局限。

“PS21”的主旨有二：

- 培养一流的服务态度，服务不仅要满足公众需求，还要彬彬有礼、维持高质量；
- 引入先进的管理方法与技巧，关心公务员的福利和士气，打造一个乐于改变、引领变革的工作氛围，追求更高效率、更节省成本。

乐于改变，才能打开思维的窗口，视改变为转机，而非威胁。

“PS21”的主旨

“PS21”的主旨有二：

- 培养一流的服务态度，服务不仅要满足公众需求，还要彬彬有礼、维持高质量；
- 引入先进的管理方法与技巧，关心公务员的福利和士气，打造一个乐于改变、引领变革的工作氛围，追求更高效率、更节省成本。

第二项主旨从多方面已把第一项主旨包含在内。第一项主旨，是让人对“21世纪的公共服务”具体化有一个概念。第二项主旨包括了更基本的，即转变公务员的心态，创造截然不同的机构文化与常态。改变后的公务员心态，是要乐于接受改变、预见变化及实施变革。

乐于改变，才能打开思维的窗口，视改变为转机，而非威胁。“PS21”所采用的方法，是让所有人成为变革和改进的急先锋。此外，“PS21”也运用“模拟情景规划”，来预见变化，做好面对各种不同景观的准备。最终，再凭着一流的人力与资源管理，完成变革。

“PS21”的关注点

为了实现心态思维转变，“PS21”着重以下四个领域：

- 关心公务员的身心健康
- 通过“力求上进，学无止境”来追求卓越，精益求精（ExCEL）
- 进行部门检讨
- 提供高素质服务

“PS21”概括如下：

主旨	不断变革
原因	未来变幻莫测、无穷无尽
动力	以推动变革为生命之道
方法	掌握创新力
目标	及时为将来作准备
关注点	◆ 关心公务员的身心健康 ◆ 通过“力求上进，学无止境”来追求卓越，精益求精（ExCEL） ◆ 进行部门检讨 ◆ 提供高素质服务

关心公务员的身心健康和通过“力求上进，学无止境”来追求卓越，精益求精，强调的是以人为本。前者告诉员工，所属部门十分关注他们的身心健康；后者则提供员工一个发挥革新与创意精神的根基和环境。进行部门检讨针对制度和程序上的管理作出革新，也探讨部门大方向的革新。高素质服务贯彻以客户为本的理念，持续追求卓越的服务素质。

关心公务员的身心健康之所以位列首项，是因为人是整个革新过程的关键环节。一个人怎么看待自己，将决定他是否有足够的信心和意愿去参与变革。

以“力求上进，学无止境”来精益求精，是公务员进取不懈和看待自己工作的态度。向来公务员习惯了指令由上而下的模式，如今有必要建立起一个由下而上搜集新想法的正规框架。工作改进小组计划（政府部门的品质管理圈）和公务员建议计划（SSS），即为达成这一目标的两大管道。公务员中，有90%参与工作改进小组计划，他们每年提出超过一项改进建议。这两项计划所强调的“进取不懈”，则为每名公务员设下每年学习100个小时的目标，学习形式不拘，正规或非正规培训均可。

进行部门检讨，由管理层展开。尽管我们鼓励基层公务员踊跃发表意见，去推广及寻求变革，但他们无权展开多部门及跨部门变革，也不能处理牵扯到其他部门或单位的难题。因此，在高位的管理者应当善用信息科技的便利，免去不必要的繁文缛节，积极寻求创新。

提供高素质服务，是客户的需求，也是他们理应得到的。素质的高下由客户界定，而服务水平的目标，显然应该超越客户的要求。总的来说，客户是期待从我们这里得到答案，也是我们取得回为了达到高素质的服务水平，公共服务必须牢记“关怀备至”（CARE）这四字：

- 有礼貌：不只是服务了什么，还要看怎样服务（英文称 Courtesy，为 CARE 中的C）；
- 予人方便：在任何时地提供服务（英文称 Accessibility，为 CARE 中的A）；
- 反应灵活：服务要及时（英文称 Responsiveness，为 CARE 中的R）；
- 高效率：服务要达到客户的要求，甚至超出要求（英文称 Effectiveness，为 CARE 中的E）。

应的人，更是我们将任务交托出去的人。换言之，客户是和我们有联系的人。因此，客户可以是对外的（例如公众人士或生意伙伴），也可以是对内的（例如同事、上司或下属）。

为了达到高素质的服务水平，公共服务必须牢记“关怀备至”（CARE）这四字：

有礼貌：不只是服务了什么，还要看怎样服务（英文称Courtesy，为CARE中的C）；
予人方便：在任何时地提供服务（英文称Accessibility，为CARE中的A）；
反应灵活：服务要及时（英文称Responsiveness，为CARE中的R）；
高效率：服务要达到客户的要求，甚至超出要求（英文称Effectiveness，为CARE中的E）。

“PS21”的目标

“PS21”的目标是要为新加坡政府的公务员服务来个“大翻新”：从被动反应，到积极主动；从对现状的自满，到诘问如何防范未然。这需要在方法、价值观和机构文化等一连串不同重要领域的改变。

超越表现，发掘潜力：一个机构成功与否，在于它如何调动资源，还有如何善用创造力，保有高度好奇心，以最优秀的表现，来取得惊人的成绩。

这样的成功在于给予公务员发挥和展示潜力，呈现出自己最好状态的机会。它同时也需要一名绝佳的主管，他能创造让员工发挥所长并作出贡献的环境。

领导人要放眼：

- 超越表现，发掘潜力；
- 成绩之外，更看重过程；
- 协调行动，不如协商愿景；
- 与其产量少，不如投入多；
- 不仅要管理，还要领导。

只有确保取得好成绩那个过程是正确、有素质的，才能在未来迎接一次又一次的成功。

新加坡政府长久评估公务员的能耐，探察他们潜力的上限。被评为具高潜力的公务员，所分配到的职务会更艰巨，好让他们有机会证明自己的能力。至于该发多少奖金花红，则看实际表现，而非潜力。这名公务员只有在艰巨的工作，以出色的表现，证明自己的高潜能，才能晋升高职。

在表现以外，新加坡政府经常以有意和刻意的态度去评估和开发公务员的潜能，从而实践任人唯贤和惟才是用的用人之道，使各部门展现最卓越的功绩。

成绩之外，更看重过程：一个机构承担不起只看成绩的后果；这不表示成绩不重要，只是如何取得好成绩的那个过程，有没有素质是更重要。一次两次的好成绩，不能保障以后也能不断成功。只有确保取得好成绩那个过程是正确、有素质的，才能在未来迎接一次又一次的成功。

这里指的过程，是时时想着、问着怎样才能做得更好的过程。它不是简简单单地去执行条规，那只会走向机械式、官僚式、乃至麻木不仁的道路。“PS21”是要将政府部门打造成一个更有思考性、更具创意的机构。

协调行动，不如协商愿景：模拟情景规划是“PS21”最关键的一环，它协助部门思考捉摸不定和难以预料的未来。通过情景规划的过程，能让人对变化的迹象更熟悉、更敏锐，也让我们学习在思考中融入有备无患的思维，在意外发生时能作出迅速的应对策略。

新加坡是弹丸小国，无论对区域或是世界发生的事情，新加坡的影响力或控制力，都非常渺小。因此，以模拟情景规划来为未来做好准备的用处极大。对内方面，政府许多事务都横跨多个部门，各部门的行动往往会相互牵制、相互影响。权力下放，反应会更快、效率会更高，但却往往因此丧失对全局的掌控和协调。而要为模拟情景规划，能提供一个共同的思想框架，以及共同的语言，有系统地激励各部门共同思考未来。

为模拟情景规划所设置的各种状况，并非为了设置而设置。要让它更加有用，还须根据设置的状况，制订出可行策略以及系列行动。

要善用资源，必须经常自问："就只有这么些资源，该怎样充分利用？"

单一部门在欠缺全局背景的状况下解决问题也是不明智的，它难保日后不会为其他部门带来更大难题。因此，大家有必要在一个共同的思想框架下一起思考、一起工作。模拟情景规划，正好能提供一个共同的思想框架，以及共同的语言，有系统地激励各部门共同思考未来。

为模拟情景规划所设置的各种状况，并非为了设置而设置。要让它更加有用，还须根据设置的状况，制订出可行策略以及系列行动。通过集思广益和设置未来情景的过程，建立起部门的灵活性和预测未来变化的能力，培养起对瞬息万变环境的灵敏应对能力。这是保证新加坡日后竞争力和凝聚力的关键所在。

与其产量少，不如投入多：财政部近年逐步下放权力给政府各部门，让它们在管理自己的预算和运作方面有更大的话语权。这权力下放及赋权的思路，是根据最接近客户的一方，最能明白客户需求，也最能有效运用资源的观点。

要善用资源，必须经常自问："就只有这么些资源，该怎样充分利用？"这物尽其用的要求，能促使公务员以创新和变革的思维来考虑行事的优先次序。这与以往"我们要做这些事，所以需要这么多资源"的思维模式相比，有很大差别。

不仅要管理，还要领导：每个机构需要出色的领导人，不仅要有良好的管理和执行能力，还要有卓越的领导能力，这对政府部门特别重要。因为政府部门没有亏蚀的底限，不能为你敲响大难将至的警钟，也不能协助你让员工知道如果不提高生产力，他们的饭碗不保。

在一个没有同行竞争提供同一类型服务，又没有人知道究竟该改进多少的环境，要鼓动公务员提供最优质的服务并不简单。人民对政策及运作的程序一无所知，不知道什么样的服务才算是最优质的服务。

其实，政府部门领导人的能力再怎样平庸，该部门还是能如常运作。不过，要想做到最好，要晋升世界一流水平，就需要超凡的领导能力。

领导人必须制订方针、引导方向、提供指示、设定目标，确保大家都充分了解自己手头上的任务，了解该怎样去完成，是什么原因要这样做。

公务员必须跳出仅仅作为服务提供者或监管者的定位，而成为：

- 变革的催生者；
- 高标准的旗手；
- 定调者，为未来开创道路、引领众人向前迈进，并对周遭的变化时时保持警觉。

没有亏蚀的底线，意味着少了一个鼓励改进和催生变革的准绳。这也昭示政府部门需要有更高素质的领导人，以更高的品质和更强的领导力，来以身作则，激励下属，和下属做最好的沟通。

其实，政府部门领导人的能力再怎样平庸，该部门还是能如常运作。不过，要想做到最好，要晋升世界一流水平，就需要超凡的领导能力。领导人必须制订方针、引导方向、提供指示、设定目标，确保大家都充分了解自己手头上的任务，了解该怎样去完成，是什么原因要这样做。

领导人必须给予下属全力支持，使他们精益求精、不负重托。这表示要为员工提供资源、工具、配备、资讯、知识，还要悉心聆听他们、启发他们、辅助他们、鼓励他们和称赞他们，在精神层面上来提高士气。

为了培养公务员对国家需求有敏锐直觉，提升服务的素质和对人民的承诺，还有以开放和包容的的精神接纳新想法和建立以未来为导向的思维，新加坡民事服务学院特别设立了政策规划所，专门培育公务员的新一代领袖。该所的工作重点，集中探讨制定或改变和新加坡存亡攸关的课题，从新加坡国家的大小、位置、人口、人口特征、多种族社会形态，再到新加坡的脆弱性、不确定性和机遇等等。

公务员必须跳出仅仅作为服务提供者或监管者的定位，而成为变革的催生者、高标准的旗手，不只在公共服务及公共行政中成为表率，还能和私人企业超高标准的服务媲美。不仅如此，公共服务也要是定调者，为未来开创道路、引领众人向前迈进，并对周遭的变化时时保持警觉。

“有效传达”必须符合下列四个原则：

- 要浅白易懂
- 要清楚明确
- 要有理有据、合情合理，让人民信服
- 要以相关的群众为出发点

PS21：具战略性的当务之急

“PS21”在一个有战略意义的基础上推广。这个基础是：各种行动都能执行得当，未来动向都能清晰掌握；而且人尽其才，各就各位，都能充分掌握创新力。“PS21”的主旨是不断变革，以推动变革为生命之道。“PS21”没有终止的一天，可说是个对未来“及时做好准备”的无止境追求。

政府为公务员出版的《挑战》杂志，就为了解释和推动“PS21”的主要信息和愿景。我在出任新加坡公务员首长时，每个月都在《挑战》杂志的专栏发表一篇文章，基本上每篇文章都包涵一个课题，如思考未来、不能对现状自满、要团队合作等等。我选了一些文章，附在本书的每一章末，作为给你的“挑战”。

大众传播在政策制订中不可或缺

在精益求精的过程里，不仅要让每个公务员了解执行政策背后的理念，也要有效传达给人民，让他们明白。这个“有效传达”必须符合下列四个原则：

- 要浅白易懂
- 要清楚明确
- 要有理有据、合情合理，让人民信服
- 要以相关的群众为出发点

要浅白易懂：如果说某项政策人民已经明白，却不能接受，那另当别论。现在要说的是，让人民对政策一头雾水，经常都是因为一些无关紧要的细节或术语和迂回费解而难懂的“官腔”。因此，传达信息给普罗大众时，必须简单明了，浅白易懂。

大众传播已经有充分理由成为制定政策不可或缺的一环：公务员必须明白，不管政策制定得多好，只要公众不能理解、不能接受，终究还是会失去群众的支持和谅解。

一项合理制订的政策，人民不见得会认为合理。

有理有据，是指头脑能理性接受；合情合理，则是指心灵能感性接受。

长久以来，大众传播都被认为是公共关系联络员或企业通讯处的事。这个想法如今已经过时，因为一个机构的声音、特征和品质是由该机构各阶层的员工合力建构的。

大众传播已经有充分理由成为制定政策不可或缺的一环：公务员必须明白，不管政策制定得多好，只要公众不能理解、不能接受，终究还是会失去群众的支持和谅解。

要清楚明确：确保信息清楚明确有个好方法，就是反问自己："发布这则新闻文告的目的何在？"你能以短短几个字，比报章标题五到七个字还要少的字，来传达出重点吗？要是你做不到，就不要怪民众抓不到重点了。当然，要以七个字或更少的字数来明确传达信息并不容易，可是你要不这么做，大小媒体、德士司机，甚至是路上的甲乙丙丁，就会代你效劳了。

还有，新闻文告的首三句一定要确保有趣，才能吸引读者继续看下去，必须展示明晰的观点和意向。

要有理有据，合情合理，让人民信服：一项合理制订的政策，人民不见得会认为合理。有理有据，是指头脑能理性接受；合情合理，则是指心灵能感性接受。

与人民沟通失败，多数是因为错误地认为"理"是理性的，只需要用头脑思考。其实要让相关的民众信服所颁布的政策，除了有理有据，让他们理性能"信"，还要合情合理，在感性上让他们能"服"。

要以相关的民众为出发点：也许这一则才该是第一原则，因为这是谁也不能否认的。可惜，人们往往就是把它给忘了。

公务员要说服人民：所颁布的政策对他们是好的，是值得他们去了解的，必须从理性和感性两方面去传达。信息不只要灌进他传达的是目的，实施的是政策。

不同的处境、不同的相关民众，都要审慎看待，要具备同理心。漠视群众、忽略群众，是不容宽恕的。

传达失当、沟通不良，所带来的种种误解与猜忌，罪责都不在民众身上。

们的脑子里，还要传达到他们的心底里，让人民清楚出发点不在政策，而在关心他们。要让他们明白为什么要推行新政策？为什么要作出改变？为什么改革对他们或家人有利？如果不是马上有好处，过几年就有好处。

不同的处境、不同的相关民众，都要审慎看待，要具备同理心。漠视群众、忽略群众，是不容宽恕的。

传达的是目的，实施的是政策。意思是说，不管政策的文件怎样写，提案经过部长们怎样激烈的辩论，它背后的理念、论据是多么的出色，民众关心的只是实施这项政策背后的目的。传达失当、沟通不良，所带来的种种误解与猜忌，罪责都不在民众身上。

同样的，政策怎样推行和推行了什么政策，才是真正界定了这项政策。对于人民来说，政策在文件里怎么写法，他们是不在意的。他们在意的是这个政策是怎样执行，那就界定了政策的实际意义。

对相关政策，我们有了起因、要旨、原因，和民众。传达得好，不出乱子，能坐享成果。传达错了，会令你焦头烂额，烦恼一箩筐。

挑战 六

精益求精

这是一名武术子弟的故事。经过多年的刻苦训练，他如今跪在师父面前，等候师父颁授黑带。

师父说：“在得到黑带之前，你还得通过一项试验。”

想着这只是最后一个测试，弟子答道：“我准备好了。”

师父问道：“黑带的真正含义是什么？”

弟子说：“黑带代表了我的练武历程的终结，是对我辛劳付出的奖励。”

显然，师父对这个答案不满意，他等着，还想听到更多。最后，师父开口了，他说：“你还没做好拿黑带的准备，明年再来吧。”

一年后，弟子再次来到师父面前跪下。

师父问道：“黑带的真正含义是什么？”

“黑带象征了武术界的最高成就和最高荣誉。”弟子如是回答。

师父许久不说话，显然，他还是不满意。终于，他开声了，说道：“你还是没有准备好，明年再来吧。”

又过了一年，弟子再次来到师父跟前跪下。师父再问道："黑带的真正含义是什么？"

"黑带，象征着起点，它是一段永无止尽的修炼的开始，需要自律、努力，追求更高的巅峰。"学生答道。

师父说道："很好，你已经做好准备了。收下黑带，踏上你的征途吧。"

的确，黑带不是最后的巅峰，它是让你通往下一个高峰的开始。

你的黑带又是什么？是剑桥普通文凭考试？是让你通往剑桥高级文凭考试的门票？是工艺教育学院证书？是理工学院文凭？是大学学位文凭？是你的第一份工作？是你现在的工作？还是说，现在的工作只是你步向将来工作的开始呢？

你机构的黑带又是什么？是ISO 9000证书？是人力资源发展计划标准？是标准记分卡？是成为学习型机构？是"六西格玛"？是卓越学校奖？是新加坡素质认证？还是新加坡素质奖呢？

你会说："这太恐怖了，我们要终日思考、尝试、实践，再思考、再尝试、再实践，简直就没完没了……"

我的回答是："这就是为什么我们要相信自己的所作所为，要相信所有的付出都是值得的，要相信自己在做有用的事情，要从工作中寻找乐趣、寻求挑战，要在过程中感到好玩。我们还要对自己没有竭尽所能，没有做到最好，感到不满。我们要不停学习新事物，要发现自己一天比一天进步。不然，生命的担子将格外沉重，工作也会变得乏味无比。"

长篇大论了一大段，我只想说："相信自己，让自己做到最好，凡事要竭尽所能，全力以赴。"

追求卓越是永无止尽的过程，上司必须从旁协助，让追求卓越、精益求精的过程变得是值得的、有趣味的。然而，最终是愉快还是苦闷，仍取决于我们自身的态度。

第六章

不少机构都奉行自己的一套价值观，用以规范员工的行为举止。经理们必须去应对工作表现不符合机构价值观的职员。

第六章

文化与价值观

不少机构都奉行自己的一套价值观，用以规范员工的行为举止。经理们经常在培训中，向我提出一个问题，就是该怎么去应对工作表现不符合机构价值观的职员？

对待工作表现出众，并且忠于机构价值观的职员，予以重赏厚酬，并用尽一切办法留住他们，这是再简单不过的事。对于工作表现不佳，同时又不遵守机构价值观的职员，先行警告，没有改善的话，再将革除，也是自然而然的事。

只是问题常常没有这么简单。

要是职员的表现不尽如人意，却严格奉行机构的价值观，那该怎么办？我的建议是，可以尽量培训，填补他们能力上的缺失，或调到能发挥他们所长的岗位上。如果实在不行，可能要协助他们另谋高就，好让他们在更适当的地方，展示自身潜力。

最棘手的情况，莫过于那些表现出众，却明摆着不奉行机构价值观的职员。他们活在自己的世界里，按自己的价值观办事，却又能为公司展示自己杰出的能力。应对这种情况，经理经常是三番四次发出警告，给他们一次又一次改过自新的机会。但是，这始终是治标不治本，一段时间后，经理会发现对付这些人只能用“管制”和“隔离”手段，方能遏止他们的恶行感染其他人。有不少的案例显示，职员拒绝遵照机构所订立的价值观行事，经理只好将他革就公司的长远发展而言，维护机构的价值观是最根本、也是最重要的。

机构的价值观就像罗盘，能为公司在踏足另一个全新领域时指示方向。

除、替换。这种结局通常都是机构所不乐见的，因为这就是平白无故流失了一名优秀人才。

这种情况，正是惟才是用、任人唯贤的原则下衍生的挑战：选用人才，究竟重才？还是重德？抑或是才德并重？德才何者更重要？

下图显示工作表现和机构价值观相对应的四个组合。

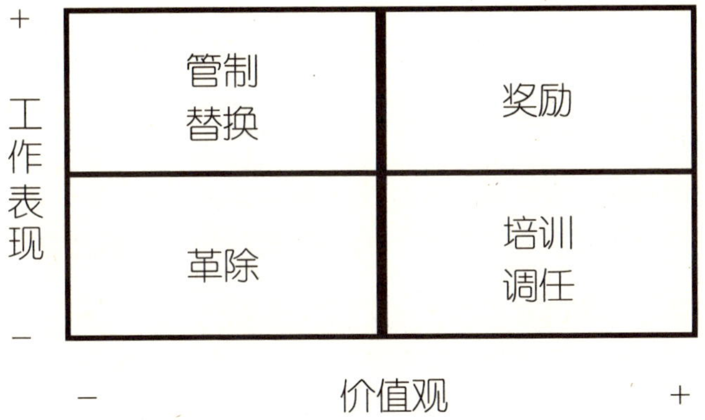

工作表现和机构价值观的关系

这里面有个有趣的问题：一名表现出色的职员，如果他对机构价值观的认同和自身的表现不对等时，为什么最好的解决办法是将他革除呢？凭什么要以机构的价值观为先呢？

我在这里要说清楚，就公司的长远发展而言，维护机构的价值观是最根本、也是最重要的。

换言之，机构的价值观就像罗盘，能为公司在踏足另一个全新领域时指示方向。机构价值观所体现的，正是机构在演进过程展现本质的重要体现，它怀抱远大志向，也是最基本、不可或缺的。因此，一个号称以诚信正直为机构价值观的团体，即使对疏于监管或判断失当的员工能表示谅解，也决不能对任何失信贪污的行为妥价值观刻画出一个机构长期的特质，而文化则是机构当下品质的缩影。

在机构里，倘若“文化”与“价值观”两者间存有差距，就代表着机构还有不少问题必须先解决，方能踏上成功道路。

价值观不仅代表机构，它还决定着下列各层面的前进方向：

- 个人
- 家庭
- 公司
- 社会
- 国家

协。同样，一个声称服务至上的机构，也必须以取悦客户为绝对优先。

因此，一名表现杰出却和机构价值观相左的职员，即便不须要马上革除或替换，但始终不是一名能将公司引向成功大道的职员，因为他所奉行的行为准则和指导公司方向的价值观不一致。

“文化”与“价值观”有什么区别

“文化”，是公司当下所呈现的面貌。一个精明的旁观者，能通过观察机构职员的行为、语言、互动、待人处事、奖惩机制等，揣摩出该机构既有的文化。要改变一个机构的文化，等同于改变一个人的言行举止，绝非一朝一夕的事。多数案例中，解决拒绝改变的职员，最简单的办法就是革职。

“价值观”，则是一个机构的信条理念，是机构赖以开拓未来、取得长远成功的特质。在机构里，倘若“文化”与“价值观”两者间存有差距，就代表着机构还有不少问题必须先解决，方能踏上成功道路。这里有一个前提，就是要先确认机构所倚仗的“价值观”确是基本的成功要诀。

机构认同的一套价值观，是机构渴望具备的一系列特质，它决定着机构的命运。能认真实践机构价值观就有光明的未来，反之，一旦职员发觉机构领导人视价值观如同儿戏，机构的诚信就被摧毁。总的来说，价值观刻画出一个机构长期的特质，而文化则是机构当下品质的缩影。

再者，价值观不仅代表机构，它还决定了个人、家庭、公司，甚至是社会、国家的前进的方向。社会、国家的文化，能从艺术娱乐、商业经济、宗教、媒体、教育、家庭和政府各方的价值观、行为及习俗中显现出来。

国家的法纪应当反映出社会的价值观，作为取得长治久安、昌盛繁荣、国家成功必不可少的素质。

道德教育极为重要，不容轻视，并且始于家庭。

“只要你有坚定的信念，能辨善恶、明是非，这些信仰都会永远伴随你左右。”

——吴庆瑞博士

新加坡订有一项“五大共同价值观”：

- **国家为上，社会为先；**
- **家庭为根，社会为本；**
- **关怀扶持，尊重个人；**
- **求同存异，协商共识；**
- **宗族和谐，宗教宽容。**

国家的法纪也应当反映出社会的价值观，作为取得长治久安、昌盛繁荣、国家成功必不可少的素质。因此，道德教育极为重要，不容轻视。道德教育始于家庭，孩童从家庭的教养和潜移默化中学习。再来就是学校，孩子在成长中潜移默化和学习，都经由学校进一步锻炼和充实。

吴庆瑞博士在担任第一副总理兼教育部长期间，在一次访谈中，对道德教育提出了独到的见解。这篇访谈于1982年12月28日至30日连续三天，刊登在新加坡《海峡时报》，我从中摘录一些语录，来申述道德教育的重要性：

- “道德教育的宗旨，是为确保新加坡的下一代能明辨善恶是非。”
- “虔诚的宗教信徒是幸运的……他们不仅能克制自己，不做自己认为是错误的行径，而且还知道不占他人便宜。这一份虔诚，能协助他们抗击压力、渡过危机，还能帮助他们教养子女。‘不可知论者’不信奉任何宗教，但也不一定不相信上帝。只要他们有强烈的道德观念，也同样具有坚韧不拔的个性。”
- “只要你有坚定的信念，能辨善恶、明是非，这些信仰都会永远伴随你左右。检视各个伟大宗教，你会发现它们的基本价值观都大同小异。要是你信奉上帝，或者有自己的信仰，那你走运了。我永远不会去说服任何一名基督徒、兴都教徒

“人生道路上，难免会有失望沮丧，遭受家庭危机、工作压力的时候。在我的观察中，但凡坚守宗教信条的人，或是谨守道德规条的人，比其他人更具抗压力的能耐。”

——吴庆瑞博士

或回教徒背弃他的宗教信仰。因为在我看来，这绝对是大错特错的事。当你虔诚信奉着一个宗教时，你就拥有了一份宝贵的信仰、一份珍贵的资产，难道不是吗？”

- “有人说，政府只关心世俗事，诸如经济、银行系统，或就业问题；至于心灵精神之类，则是教会、主教的分内事。如果你是一名虔诚信徒，这样想是可以的。我则认为当一名虔诚的基督徒非常幸福，因为他相信上帝、相信《圣经》，心灵上获得了平静。我留意到，一般基督徒的生活很有规律，他们不找刺激或娱乐分心的事，也不浪费金钱，他们谨守着道德伦理来教养儿女。他们的子女长大成为一个遵守道德准则的人，比起不具备道德准则的人，他们往往更有成就。因此，在新加坡，有虔诚宗教信仰之人，无论是基督徒、兴都教徒、伊斯兰教徒，还是佛教徒，比起没有宗教信仰的人，显然占有一定的优势。但就如之前所说，还是有一些不可知论者能建构出独树一帜的道德准则。总理（当时的总理李光耀）就是不可知论者，他从外祖母那儿学会了明辨是非，本身也严格奉行一套道德准则。新加坡不少国家元老（新加坡第一代政治领袖）也是如此。”
- “人生道路上，难免会有失望沮丧，遭受家庭危机、工作压力的时候。在我的观察中，但凡坚守宗教信条的人，或是谨守道德规条的人，比其他人更具抗压力的能耐。就如基督教灵恩运动的崛起，不少深受职场竞争和压力折磨的年轻企业管理人员加入后，获益不浅。除此之外，我不好多说什么。”
- “伟大的文明、伟大的宗教，蕴涵了不朽的价值观与智慧，个人或社会如果无视或抛弃它们，只会自陷困境，咎由自取，这是我从多年的经验中体悟到的。可以这么说，它们对

“道德及伦理价值观决定一个社会的实力。”

——吴庆瑞博士

吴博士反复强调道德教育的重要性，“正因为有了道德操守和责任感，凡事不先图己利，新加坡才没有步向衰败。”他认为道德教育极为重要，这能避免正确价值观在代代相传中被稀释沦丧。

个人的影响极大。我注意观察那些功成名就、富甲一方的人，和无论是宗教也好，非宗教也罢，那些信奉道德价值观的人，他们生活都过得称心如意。这就是他们所追求的生活意义。换句话说，他们都认真将儿女教养长大。尽管富人还是会积累财富，但是他们不会一味追求财富。他们意识到自身的社会责任，也试着去履行自身的社会义务。与之相对，不重视道德价值的人，我发现他们常常忽略教养自己的子女。最终，他们的子女有的还真是糟糕透顶。”

吴博士反复强调道德教育的重要性，“正因为有了道德操守和责任感，凡事不先图己利，新加坡才没有步向衰败。”他认为道德教育极为重要，这能避免正确价值观在代代相传中被稀释沦丧，因为“我们受西方良莠不齐的思想影响，龙蛇混杂，而坏事给人的诱惑往往比好事更有吸引力。

吴博士接受采访，正是公共沟通过程中的一环。这是配合教育部1984年在新加坡中学中三中四课程加入“宗教知识”这一必修科目进行的。这项课程让学生从六种宗教选其一，这六种宗教是：圣经知识、佛教研究、儒家伦理、兴都教研究、伊斯兰教知识和锡克教研究。

吴博士相信，学习宗教中的伦理规范，有助于培育品德高尚、正直诚实的公民。当他在1982年1月首次向人民公布这个想法时，他谈到管理军队的经验。他留意到军营里一个常见现象，就是当你把钱包或手表丢下不管，仅仅十秒钟，它们就会消失得无影无踪。他说道：“我因此告诉总理，我们的学校正把国家变成了盗贼国度，我们一定要好好改变现在的教育制度。”

总结了对宗教教育的看法，吴博士说：“推展这项课程的寄望其实不大，我们不相信这项课程能让所有新加坡人具备诚实而正

“在学校里传授宗教知识和道德伦理，就算不能解决所有的难题，只要教得好，也能为年轻人在身处乱流交错、变化万千的花花世界中，提供精神支柱，稳住阵脚。”

——郑永顺博士

直的品德，每个社会难免有害群之马。这么做，至少要让新加坡人上过一个‘宗教知识’课程。让他们离开学校时，会知道说谎、欺骗、偷窃等行为是错误的。现时他们还不懂。”

时任教育部政务部长的郑永顺博士，在1982年2月的一次演讲说：“我们所继承的社会和文明，都是在伟大的宗教教义及伦理教育中浇铸成型。以兴都教为例，几千年下来，它已经渗入印度文化、思想中；中华文明则深受儒家伦理规范的熏陶。这些文明历经了无数巨大的动乱、战争和变迁。毋庸置疑，正是他们的道德伦理、宗教信仰，造就了文化的传承和力量，支撑着人们度过种种苦难变迁。

“不从伟大宗教和伦理规范学习，是愚蠢的。在这个科学进步、物质至上的世代里，更是如此。我们清楚看到了一个唾弃先人智慧，丢失经得住时间考验的道德价值和宗教信仰的社会，是个什么样的社会。他们变得道德沦丧，姑息纵容、放纵无度，囫囵吞枣地吸收着各种千奇百怪的流俗风尚，来者不拒。社会中深谋远虑的人，则对这个社会趋势痛心疾首、忧心忡忡。

“我们不要这些。我们教导孩子宗教知识和伦理道德能强化孩子的道德价值观，为他们的生命提供道德导向。虽说孩子的道德品格，还受到家庭和长辈的榜样等重大影响，但毫无疑问，在学校里传授宗教知识和道德伦理，就算不能解决所有的难题，只要教得好，也能为年轻人在身处乱流交错、变化万千的花花世界中，提供精神支柱，稳住阵脚。”

可惜，这项在中学高年级推行的必修宗教教育科目推行不久。六年后，接班的教育部长陈庆炎博士将一切打回原形。1989年10月，他在国会发表了一篇部长声明说：“今天大家都强烈意识到宗教的分歧，各宗教都有狂热传教的趋势。这是全球大势所趋，各种宗教信仰无一例外。

取消中学高年级必修的“宗教知识”科目至今已超过20年，吴博士认为道德及伦理价值观决定一个社会实力的观点并没有过时。不过，我们也深明在不触及宗教课题，要教导道德教育是非常不容易。

“伊斯兰原教旨主义日益壮大，基督教福音派教徒日渐繁盛，传统宗教如佛教等的宗教活动也呈现复苏和火红之势。一旦走向极端，这股风潮将使传教活动转为极端狂热，势将瓦解我国宗教和谐、和平容忍的传统，而这些正是新加坡人赖以生存的先决条件。

“政府不能无视这个态势的发展。我们必须制订相应的方案，以确保它不会打乱新加坡宗教容忍和谐的氛围。我们必须正视这个事实。为了避免对策在规划和实施过程中有任何偏袒，政府必须以不偏不倚、中立谨慎的态度处理宗教问题。

“为了避免误解，我在此申明何谓‘以不偏不倚、中立谨慎的态度处理宗教问题。’这句话表明政府不可以，也不应该被视为对某个宗教有所偏袒，这句话也代表政府没有反对任何宗教。”

陈博士总结说：“要是大家都认为教导宗教信仰的场所，应当在家里，而不是学校，那‘宗教知识’就不应该在学校以必修科目授课。取消宗教知识科目后，教育部将扩展原于中一中二教授的‘公民/道德教育’课程到中三中四。同时，课程也融入国家建设、国家五大共同价值观，以及认识和了解新加坡多元种族习俗和宗教信仰等内容。”

取消中学高年级必修的“宗教知识”科目至今已超过20年，吴博士认为道德及伦理价值观决定一个社会实力的观点并没有过时。不过，我们也深明在不触及宗教课题，要教导道德教育是非常不容易。

试想一名教师在教学生要乐于助人、关心他人，要谅解、包容、诚实、诚恳，但下一刻，学生见到老师高声斥责一名老太太的情景。在宗教范畴内教导道德教育，教师还能自辩说：“乐于助人、关心他人，要谅解、包容，都是理想典范，这样做就是对，不这样做就是错。我不在乎你信奉什么宗教，但这就是宗教教你在社会中该怎样待人处事。尽管有时我也办不到，但是我们一定要尽量去做对的事，不去做错的事。”倘若只教导道德教育而不论及宗假使我们的社会只信奉法律，合法就正确、非法就错误，把道德缩小到法律的层面，那我们干脆只谈法律，不须再谈道德。如此一来，整个社会的道德纲纪伦常就遭破坏。

教，则必须靠教师以身作则，体现出极其高尚的个人典范。要是让学生见到教师在现实生活中没有身体力行，那他的教导注定失败。原因很简单，价值观、道德、伦理，基本上都是在家中或学校耳濡目染得来，而非老师从课堂和测验中“教”来的。

假使我们的社会只信奉法律，合法就正确、非法就错误，把道德缩小到法律的层面，那我们干脆只谈法律，不须再谈道德。如此一来，整个社会的道德纲纪伦常就遭破坏。法律，本应是社会良心以及人们向善向美的反映，本应是人们所设下的界线，避免个人侵犯他人权益或对他人构成危险。然而，当我们的社会走到以法律条文来界定善恶时，法律就会变得越来越严苛和非常仔细地列明什么事能做，什么事不能做。政府会变得越来越独裁、专制，做起事来越来越像是个神。强势的政府，弱化了社会，人的良知也被湮灭。当人们心中有良知或敬畏上帝神明时，那是源于对神明报应的恐惧，害怕自己在今生或来世遭遇惩戒。因此，即便没有遭逮捕或惩罚，他们还能自觉地恪守本责，不做错事，这是宗教在发挥作用，它让信徒感到不安，感到必须对同胞负责任。

以基督教教义中的黄金定律为例：“你要别人怎样待你，你也要怎样待人。”同样的金科玉律，在各远古宗教及文化中屡见不鲜。孔子有言：“己所不欲，勿施于人。”古印度史诗著作《摩诃婆罗多》写道：“自己都觉得厌恶反感的事，就不要做。”而佛教典籍《优陀那集》也说道：“自己觉得受伤的事不要做。”

孔子在谈政府时，如是说道：“道之以政，齐之以刑，民免而无耻；道之以德，齐之以礼，有耻且格。”[3]

这就是说，单靠政治和刑法来管束人民，虽然人民为避免刑罚，而不做坏事，但却不会认为做坏事是羞耻的。如果用道德和礼

---

[3] 《论语・为政篇》第三章。

“道之以政，齐之以刑，民免而无耻；道之以德，齐之以礼，有耻且格。”

——孔子

政府无法鼓动人心向善向美。

惟有深藏心底的宗教信仰和道德价值观才能驱动人们克制一己私利，在关怀和关爱下推动社会进步，和更深层次的社会责任感。

制来教化、规范人民，人民则会以犯罪为耻，并且踏上正途，懂得做好事。

政府无法做到让良知存活在每个人心中，也无法鼓动人心向善向美；法律和警察，只是阻遏人们对他人做出不负责任的行为。惟有深藏心底的宗教信仰和道德价值观才能驱动人们克制一己私利，在关怀和关爱下推动社会进步，和更深层次的社会责任感。

就如前章所述，我认为新加坡教育制度发展的下一阶段，应是“价值导向”的阶段。

以价值为先，“价值”非指个人或社会价值，它比1991年国会通过的《国家共同价值观》涵盖更广的层面。此“价值”目标有三：一、探寻跨越族群，人人共有的共同价值；二、保存不同族群的文化传统；三、确保不同族群能欣赏和尊重其他族群的文化传统。这个“价值”，既不是与捍卫国家主权独立的“全面防卫”（包括军事防卫、民众防卫、经济防卫、社会防卫和心理防卫五项）相关的价值，也不是“国民教育信息”中所说的六大价值。

虽说以上所有想法、信息和信念都不可或缺，但我相信为了子孙的利益着想，我们必须在这些基础上，跨步向前。新加坡教育制度下一个发展阶段，必须汲取前三阶段中的所有优点长处，作为基石。这一“价值导向”的阶段，将会引领我们迈步前行，鼓励我们的下一代去发挥自身的潜力，成就最佳的自己。

当我谈起为学生提供“价值导向”的教育时，我关注的是他们应当具备怎样的信念、视角、态度以及动力，才能创造出更美好的将来？我举出以下三项价值观：

- **认同的价值观**
- **群体的价值观**
- **探索的价值观**

“价值导向”为重点的教育制度回应下列问题：

- 认同方面：“我是谁？”
- 群体方面：“我能做什么？”
- 探索方面：“我能做什么样的人？”

“国家没有永远的朋友或盟友，只有永远的利益。”

——巴麦尊子爵

新加坡要怎么做才能不断取得成功？这个问题需要不停思考与辩论。

首先，我们的下一代必须具备强烈的认同感。他们要认同自己的身分，对家庭、对社群、对国家都要抱有强烈的归属感。“认同的价值观”基本就是在回应“我是谁？”这一疑问。“认同的价值观”建立在人的人格、品质、道德、伦理上，这些素质从家庭、宗教、语言、文化和国家各方面衍生而来。

如果说“认同的价值观”是在回答“我是谁？”，那“群体的价值观”则是在回应“我能做什么？”。我们的子女必须具备“群体的价值观”，才能以强烈的社会道德责任，和其他人合作。因此培养孩童的情商（EQ）很重要，好让他们能和他人相处、合作，培育正直诚信、和谐、关注大我、值得他人信赖的品德。“群体的价值观”，就是要理解什么事对普罗大众有利。政府要负责，扮演好自身角色，确保社会的公正、安全、稳定及法治。同时，还要确立并管理好各种相配合的社会机构、司法机构，维护大众的利益。更重要的是，每个人都要懂得为他人服务、为国家作出贡献。这个动力即便不是由“爱”驱使，至少也得由吴庆瑞博士常说的“开明的利己”思想所驱动。

“认同的价值观”与“群体的价值观”的概念其实并不新鲜。自新加坡独立以来，学校教育早在做着这两件事。然而，因为这一代的孩子和他们的老师，在成长环境中并没有经历艰辛动荡和疑虑恐惧，所以现在来谈这两种价值观还能有新的推动力。新加坡要怎么做才能不断取得成功？这个问题需要不停思考与辩论。正如英国19世纪政治家亨利·巴麦尊子爵（1784–1865）说：“国家没有永远的朋友或盟友，只有永远的利益。”那么简洁明了。

这两个价值观外，还有“探索的价值观”，这在当下的新加坡还没有完全将它发展起来。我们的下一代，不能只是被告知事实和结论，还必须具备“探索的价值观”，凡事要亲自去思考、去探索。

国家未来要取得永续成功，要保障国民幸福生活，所面临的最大困难，是缺乏企业家、革新者、研究人员和领袖人才。

“探索的价值观”能让人常保一颗对万事有新鲜感的好奇心，自动自发去从实践中学习，并且抱持大无畏的精神，去做一个与众不同的人，愿意去尝试，去从失败中学习。这个价值观能让人秉持着探索精神、奉献精神，意志坚定、坚持不懈，同时追求卓越，永不知倦。

我们常感叹新加坡人缺乏创新精神，并对外国评论家的分析草率地照单全收。我们认定这种情况之所以发生，是因为新加坡小孩在惟命是从的教育模式下成长，一般都惧怕提问。我并不这样看。我认为，新加坡小孩之所以会没有挑战精神，轻易赞同别人的意见，是因为我们的教育总教他们要机敏、高效，孩子们误以为要机敏、高效，就是萧规曹随，随波逐流，紧随前人已经走过和测试过的路，而不懂得去独辟蹊径。我们必须改变这种心态。

我们又常说新加坡人缺乏想象力，仿佛这个能力可以从执行条规或学习某种方法，来掌握和改善。我也不这么想。我认为假如仅仅是方法上出问题，凭我们在学校的课程规划、教师分享等多方面的工作，想要让学生有丰富的想象力绝非难事。因此，这其实是为孩童建构起勇气、信心、活力和想象力的问题。要达到这个目标，我认为教师必须有极大的热忱，才能协助学生在生活各领域展示自己的最佳状态。教师还要帮助学生挖掘潜能，不仅仅是让他们了解自己汲取知识、运用技能的能力，还要有渴望和劲道去追求、去发明、去发现，以及去把自己的潜力发挥得淋漓尽致。

经过一番审视和考量，我认为国家未来要取得永续成功，要保障国民幸福生活，所面临的最大困难，是缺乏企业家、革新者、研究人员和领袖人才。企业家构建商业环境，没有他们，国家就没有经济；革新者推陈出新，经常做些有异寻常的事；研究人员探索未知、发现新知；领袖人才则实现各种想法，把各种好意见付诸行动。没有能干领袖的领导，想法无法凭空成事。

只有抱持一份不畏惧有异寻常的勇气和信心，才能导向成功之路。

教师是培育学生冒险精神与探索精神的最重要人物。只有通过教师的鼓励，学生才能培养起去尝试、去学习、去创造、去追索，还有去摧毁和去失败的勇气与信心。

教师必须想出好方法，才能让学生从尝试和学习中，品尝到成功的滋味，从而培育起信心和勇气，并催生动力、活力和想象力。

世间任何事，无论是政府部门或私人企业，只有新的、与众不同的事物，才是活力和想象力的推动力量。正是这份不畏惧有异寻常的勇气和信心，才能导向成功之路。

有异寻常，并非叛逆，而是要相信自己的信念，相信自己做的事情。有时候，只是采用一些异于常人的方式去完成某件事；有时候，只是做一些其他人从不曾做过的事；有的时候，则是在做着和其他人一样在做的事，只是方法更有效力、更高效率、更不费气力。

教师是培育学生冒险精神与探索精神的最重要人物。只有通过教师的鼓励，学生才能培养起去尝试、去学习、去创造、去追索，还有去摧毁和去失败的勇气与信心。这可不是简简单单教几节生活技能课就行，而是一种经由学习和实践所练就的思考模式和生活之道。

我在教育部工作，学习到有些事情是靠潜移默化，要“亲身体悟”，而不能靠“课堂教导”。身教重于言教，无疑是教孩童的最佳方法。学生要从以身作则的教师身上去“体悟”。教师要先“树立榜样”，学生才能“有样学样”。教师必须想出好方法，才能让学生从尝试和学习中，品尝到成功的滋味，从而培育起信心和勇气，并催生动力、活力和想象力。

如果说“认同的价值观”在回答“我是谁？”，“群体的价值观”在回答“我能做什么？”，那“探索的价值观”所对应的问句，就是“我能做什么样的人？”我在办公室挂了一幅我的大孙女在五岁时画的画。这幅画面挺大的画，画了一只在篱笆围起来的牧场里吃草的绵羊。蔚蓝的天空，有着艳阳高照和有如棉花般的云朵。然而，让人侧目的是那只绵羊身体是红色的，耳朵是紫色的，天上的云有一朵是蓝色的。整幅图画色彩绚丽、生气勃勃，有些朋友却对那红色身体和紫色耳朵的绵羊，还有蓝色的云朵抱有微词。

虽说教师对孩子成长的影响巨大，甚至能影响孩子一生处事待人的态度，但孩子的起点终归在父母和家庭上。

孩子的态度在入学前已经定了雏形，因此家庭的参与必须被纳入“价值导向”的教育中。

新加坡人承担不起只仰赖过去成就的代价。

新加坡必须秉持着诚信、素质、信用、想象力、反应力，与永无止境追求卓越等各种价值观，来建立起强大的商业竞争力。

我们不再是一个低成本的国家，我们要在不同的平台打这场战。

我为什么把它挂在房间里，是因为它不断引我深思，对每一个踏进我办公室的人，也如此。大家看着那有异寻常的色彩，精神都会为之一振，不会受别人怎么想介怀。事物本就应该如此。

教师的角色在不停演变，好教师不再仅仅是给学生传授知识和资讯那么简单。他们要掌握好“授之以鱼，不如授之以渔”的道理，教学生怎样去捕鱼，而不仅仅把鱼给学生。教师要教学生社交技巧，要建立学生的信心、唤起学生谦卑恭逊的心，还要以身作则，成为学生道德修为的典范。教师要教导学生辨别是非黑白，做对的事，也懂得纠正做错的事。简而言之，教师在学生掌握“认同的价值观”、“群体的价值观”，以及更重要的“探索的价值观”的过程里，是扮演着极为关键的角色。

然而，虽说教师对孩子成长的影响巨大，甚至能影响孩子一生处事待人的态度，但孩子的起点终归在父母和家庭上。不少研究指出，要是家长能尽早参与孩子的教育，孩子将学到更多。即使父母后来把教育的重责交托给学校，他们也要全力支持学校，密切配合，让学校有全权去教育孩子。

一个基本的理论是，孩子的态度在入学前已经定了雏形，因此家庭的参与必须被纳入“价值导向”的教育中，毕竟孩子的教育始于家庭。

商业价值

最后，我再谈谈对商业价值的看法。

新加坡以不足一代人的时间，完成了从第三世界到第一世界的飞跃。不管从什么角度看，这都是一项非凡成就。不过，过去的成就已经过去，新加坡人承担不起只仰赖过去成就的代价。

成本因素、社会压力、人口变迁、年轻一代的思想抱负，还有，全世界的人和国家都渴望提高自身的生活水平。以上种种，都在持续质问新加坡在这个利己主义世界中的价值定位。

新加坡也必须走五星级业务的路线。这里面固然要学习很多科技和方法，但最重要的成功之道，还是必须有正确的价值观。

经济机会催生了希望和动力，这种力量的生气勃勃，需靠把私人企业办得兴旺的领导人，以极富想象力、胆识及具全球视野的眼光来推动。我认为，新加坡必须秉持着诚信、素质、信用、想象力、反应力，与永无止境追求卓越等各种价值观，来建立起强大的商业竞争力。我们不再是一个低成本的国家，我们要在不同的平台打这场战。我所列出的上述价值观，必须融入商业战场中各个领导人和员工的思维中。同样地，这种思维也必须从小构建起来，先由家庭培养，再经学校加强。

总而言之……

这里，我以一个关于“想象力”和“可能性”的故事作总结。这是一个真人真事，主角姑隐其名。

一名中国商人信奉了基督教后，开始明白自己做生意的手法是错的，他的良知被唤醒后，决定悬崖勒马。

他召来公司的总经理，告诉他公司一定要去除贿赂的陋习。总经理告诉他，这样的决定非常不负责任，它将影响所有员工的生计，因为他们向来都通过贿赂来争取业绩。这名商人没有预期下属会有这个反应，他认为贿赂是错的，这是再清楚不过的事情。

这个进退两难境地让他不停思索，而后灵光一闪，他对下属说：“我们要改变业务性质。做酒店生意的话，我们可以选择开一星级酒店，或者开五星级酒店。如果经营的是一星级酒店，我们要尽量节省成本；经营五星级酒店，那么我们要以品质、信用以及为客户服务的高水平来竞争。”他以坚定的语气说，“我们现在要经营一家五星级酒店。”

新加坡也必须走五星级业务的路线。这里面固然要学习很多科技和方法，但最重要的成功之道，还是必须有正确的价值观。

挑战 七

学习成为乐团中的一分子

想象设身在一个乐团，这个乐团可以是交响乐团、华乐团，或是其他任何形式的乐团。

乐团中有各式各样的乐器，每种乐器都有自己独有的音色。在交响乐团里，弦乐器如小提琴、大提琴和竖琴等音色最多样化，也最灵活；管乐器如长笛和单簧管则能添加音色和旋律；铜管乐器，如小号和长号，常常引领乐情高潮；至于打击乐器，如鼓、三角铃和木琴，则为音乐增添节奏感。

由于每种乐器都有独特的音色，硬是要说哪种乐器重要、哪种乐器不重要是不明智的。事实上，只有将各种音色集合起来，我们才能听到美妙的音乐。

剔除任何一种乐器，乐团的演奏就会像少了些什么。尽管乐团里有许多把小提琴，减去一把，也还有19把在奏乐，但是整个乐团就是少了些什么，变得不完整。

乐团里有一名指挥，他把各种乐器集合在一起，让每名乐手都能演奏好自己那块，什么时候出声、声量多大、速度多快、什么时候停止等，都看他指挥。即便指挥在演出时不吹奏任何乐器，乐团依然需要他。

音乐家齐聚一堂，组成乐团，为的就是奏出美妙动人的音乐。要他们只管好自己，不管其他人，是不可能的。

每名乐手都是玩奏自己那把乐器的高手，不过，也要注意指挥的一举一动，看看和听听乐团其他乐手在干什么，尽全力将自己乐器的音色融入到整个乐团中。惟有通过团队合作、完全配合，才能演奏出美妙的音乐。

在办公室，我们也应该将自己看作乐团中的乐手，每个人要知道自己在干什么，要掌握应有的技能、专业知识，并且不断学习，提升自己的能力。

同时，我们也要知道其他人在做什么，好让自身的任务能够和其他人整合在一起，交出顶级成绩。

我们要尊重其他人的才能。要是大家面目雷同，才华如出一辙，我们的表现一定很单调乏味。惟有将各有所长的人聚在一起，相互配合，才能百花竞开，取得最灿烂夺目的成绩。

第二部

领导

第七章

只要没有好好把上一代成功领导的价值观和原则妥当记录下来，没有定期重新审视这些价值观和原则在不同时代的意义和作用，则任何机构都会面临萎靡衰败和混乱无序的下场。

机构最常陷入下述三种致命性失败的其中一种：

- 未能从过往经验学习
- 未能适应现状
- 未能预估未来动向

第七章

领导力

华人有一句俗话说“富不过三代”：第一代创造财富，第二代守住财富，到了第三代则败光财富。

同样的状况也发生在机构的领导层：第一代凭藉自身的行动和价值观，确立成功的领导典范；第二代接受第一代的经验，持续着相同的做法，萧规曹随，学习做领导；第三代领导人的失败，则是因为从第二代领导人身上仅学到第一代人成功的皮毛。

我要说的话很简单：只要没有好好把上一代成功领导的价值观和原则妥当记录下来，没有定期重新审视这些价值观和原则在不同时代的意义和作用，则任何机构都会面临萎靡衰败和混乱无序的下场。

机构最常陷入下述三种致命性失败的其中一种：

- 未能从过往经验学习
- 未能适应现状
- 未能预估未来动向

当领导人的困难是既要自信满腹，又要虚怀若谷；既要深知过去，又要质疑未来。还有，领导人永远不能安于现状，对今日成果的自满只能注定了明天必定失败。

领导人的三项要务：

- 竭尽所能全力以赴
- 全面发挥众人的创意
- 及时为未来做好准备

领导力，是指从无到有去促成一件事情的能力。没有这个能力，事情不会发生。

要成为出色的领袖，必需掌握两方向的领导力：

- 在位领导力
- 个人领导力

上天让我在不同的岗位都有机会去推行变革。我在这些岗位所做的一切，可以概括为下列三项要务：

- 竭尽所能全力以赴
- 全面发挥众人的创意
- 及时为未来做好准备

首两项是每个人都有的。

- **竭尽所能全力以赴**：要求人人尽全力展现自己的最佳状态，这是学习和服务的动机、态度和谦卑。
- **全面发挥众人的创意**：要求上司尽量为下属提供机会和环境，让他们去发挥才干和展示实力，协助下属发现自我，建立自信心，提升实力，为机构作最大贡献。
- **及时为未来做好准备**：要求所有人常存警惕之心，不能自满，要未雨绸缪，为迎接变幻不定的未来做好准备。

什么是领导力

领导力，是指从无到有去促成一件事情的能力。没有这个能力，事情不会发生。基本上，领导力就是实现变革：实现对当下有用、对将来不可少的变革。身为领导人，必须非常清楚所引导的变革是众人所需，并能聪明地以最有利、最有效，而且最持久的方式去实现变革。

要成为出色的领袖，必需掌握两方向的领导力：

- **在位领导力**，即在某项职务上所应具备的领导才能；
- **个人领导力**，是一种受到人们敬仰，也能吸引众人情不自禁追随的领导魅力。机构中任何位置的人，都可以有这种力量。

在位领导人要对公司的未来做好准备和整合工作。

身为领导人的最高境界，并非平日怎样为机构的运作作决定，而在于他离任后，这个机构怎样再继续运作。

在位领导力

在位领导人须要对机构或公司的宗旨和方向有清晰的认知，还须要能：

- 陈述机构的使命
- 建构未来的愿景
- 界定营运策略
- 确认计划在执行时的需求
- 界定能确保公司永续成功的文化和价值观

更重要的是，在位领导人要对公司的未来做好准备和整合工作。如果该说的说了，该做的做了，领导仍然失败的话，那是这个领导人无法引导机构去面对未来千变万化的挑战，无法确保机构能永续成功。

说得玄妙些，身为领导人的最高境界，并非平日怎样为机构的运作作决定，而在于他离任后，这个机构怎样再继续运作。

能否在好时局，及时把握好时机去实行变革，这对一个机构而言，至关重要。在高度全球化的世界，赢家必定是机敏灵活、创意革新，同时反应迅速、积极上进的一方。这些人从来不会停止探索危机和机会。

为了让机构能及时对未来做好准备，身为领导人要不停探索，以便确保公司从战略角度、市场意识、装备设施、科技，乃至进取雄心、想象力以及人力资本各方面，都能持续不断引导公司成功走向未来。

非洲有一句老话说得好："在非洲，羚羊每天早上醒来，想到的第一件事是'我必须比跑得最快的狮子更快，不然我就被吃掉。'而狮子每天早上醒来，脑中所想的则是'我必须赶上跑得最慢的羚羊，不然我就饿死。'"

改革绝不容易，遭遇抗拒也是在所难免。事实上，在改革中如果没有受到任何阻力，情况才真不妙。这表示人们并不认真看待这个改革；二来，也可能是他们认为领导人很快就会放弃改革，他们无须参与。

个人领导力，是打造在位领导人成功的根基所在。

个人领导力就关乎“有没有心”的问题。

我经常引用这个典故，来督促人们确保自己的公司处于跑得最快的状态。人们常常因此疑惑说：“那我们公司是羚羊还是狮子？”其实，你的机构是狮子还是羚羊，并不重要。每当清晨降临，你跑就是了。

根据这个说法，领跑者和跟着跑的人是有差别的。跟着跑的人，只是步步跟在领导人后头。领跑者，前面没有人，就必须开创自己的路。

任何曾在机构中带动改革的人，必定知道改革绝不容易，遭遇抗拒是在所难免。事实上，在改革中如果没有受到任何阻力，情况才真不妙。这表示人们并不认真看待这个改革；二来，也可能是他们认为领导人很快就会放弃改革，他们无须参与。换言之，他们相信自己会比领导人撑得更久，认定领导人和他的改革想法很快就会失败。

话虽如此，我相信只要领导人抱有坚定的信念，方法运用得当，就能顺利减少阻力，或是找到抗击阻力的方法。事实往往是，对于那些坚持不合作或煽动他人不支持变革的少数死硬派，我们别无他法，只能把他们撤职。

个人领导力

个人领导力，其实是打造在位领导人成功的根基所在。个人领导力关乎心和头脑，是一种魅力，让人们拥戴你和追随你，感觉到你有值得他们支持的特质，感觉到你在乎他们的福利，你本身树立起的榜样能推动他们臻于至善，把自己做到最好。

没有追随者的领导人，就不是领袖。我们可被称作董事长、总裁，或是司长、指挥官，如果没有追随者，我们就不是领袖。人们常问道：“我要怎样做才能成为一名出色的领袖？”答案很简单，你只需自问：“什么因素能让我甘心追随一个人？”

当伟大领导，一个最经常要问的问题，就是："我能怎样帮你把工作做得更好？"

个人领导力就关乎“有没有心”的问题。技巧可以传授、可以学习，但帮助他人把最好表现出来，则关乎领导人“有没有心”。至于怎样成为一位卓越的领导人，我认为只环绕着一个问题，就是：“我能怎样帮你把工作做得更好？”假使你记不住当出色领导人的其他要点，请你只须牢记这个问题就行。

挑战 八

随时为将来做好准备

怎样煮青蛙

要煮熟一只青蛙，不能简单地把它丢进沸水中，因为青蛙马上会跳出来。

正确的方法应该是：把青蛙放进注入冷水的锅子里，然后开慢火熬煮。待水沸腾，你会发现锅子里的青蛙一动不动，已经死了，你成功把青蛙煮熟了。

解释

为什么要这样煮青蛙呢？这是因为青蛙是冷血动物，它们的体温随着周遭环境的变化而变化。人类不同，人类是热血动物，体温比较恒定，不会随着周遭温度的变化而改变。冷天，我们以不住颤抖来保暖；热天，我们则汗流不止来凉快。

青蛙的体温随着周遭温度的变化而改变，要是你直接把青蛙丢进沸水中，它马上就不适应，会立刻跳出来。不过，只要你把水缓缓加热，青蛙会调节自身体温，适应温度的逐渐增高。当青蛙再也承受不住强大热量的时候，一切为时已晚，它只会变得虚弱、死去。

致命的失败

机构里所有致命的失败都是未能从过往经验学习、未能适应现状和未能预估未来动向三种失误造成。

纵观国家发展历史、公司起落兴衰，战争、战役，危机、破产，无不如此。

未能汲取过往经验，不管是他人的错，还是自身的错，就是没能从错误中学习。从他人的错误中学习当然最好，人们却往往走到自己犯下同样错误的田地，才知醒悟。

未能适应现状，就是发现不了过往的做法，今天已经不再适用。机构的条规和行事方法都必须与时俱进，环境变化了，机构也要改变自己来应变。

未能预估未来动向，是最为常见的败因。一个机构取得的成就越大，雇员会越发自满、安逸，以致在突发状况前变得无所适从。今天成功，并不能保障明天同样成功。

青蛙之亡的教诲

想想刚刚提到的青蛙。周遭的温度缓缓变化，青蛙的体温不住调整，适应周围温度。它并不曾想到温度居然会升得如此之高，最终在灼热中死去。然而，在步步走向死亡的路程中，青蛙是感到非常自在、非常舒服的。

青蛙之亡带给我们的教训是：我们要密切注意周遭、提高警惕，并展望未来。我们不可自满，要防范未然、未雨绸缪，尽量把握机会。没时间去为将来做准备的人，必定会措手不及。千万不要被当下的安逸蒙蔽，以为将来会和现在一样。变革，要在好时局，及时把握好时机去进行。

第八章

每个机构必须有写得清清楚楚的使命，每个管理队伍必须了解所服务机构的愿景。

“卓越”必须和潜力的表现相比，而不是和自己的过往表现或和同事的表现相比。

第八章

精益求精

每个机构必须有写得清清楚楚的使命，每个管理队伍必须了解所服务机构的愿景。

在我任职的不同岗位，我经常鼓励下属要精益求精，在工作上不断追求卓越。“卓越”所指，不仅是个人层面的最佳表现，也包括整个机构层面。在我看来，“卓越”必须和潜力的表现相比，而不是和自己的过往表现或和同事的表现相比。

许多机构在改进时追求高效率，要按照付出，得到最高比值的成果。有者更甚，试图按所承诺，寻求最高的可能表现。其实，最出色的机构只须按自己的潜力，探求可能出现的最佳状态即可。

怎样去衡量效率、效力和卓越？三者各不相同，要以不同的思维去达成。

为人父母经常会对孩子不好好做课业，或不能把试考好，气恼不已。家长一般能接受自己的孩子不是学校里最聪明，音乐方面没有最高天赋的事实。他们最气恼的是孩子不能好好自律，不愿好好学习，以致荒废了，或不能好好发挥自身的才华。

奇怪的是，人们对自己却往往不能像对孩子那样，要求自己的表现和潜力看齐。机构也经常犯同样的错误，不能把公司或员工的表现，和他们的实际潜力作比较，而却是和设定的目标或去年的表现来作比较。

奇怪的是，人们对自己却往往不能像对孩子那样，要求自己的表现和潜力看齐。

“超自我实现”的需求，在于协助他人成长，协助他人实现自我，被列为人类心灵的终极需求。

马斯洛的需求层次理论

大家都听说马斯洛的需求层次理论，它假定人们的需求有不同的层次，当一个层次的需求得到满足，就会有更高层次的需求。他把人的需求划分为五个层次：

- 生理的需求（如食物、空气、水源、住所）
- 安全的需求（如安全、稳定、法律）
- 情感的需求（如家庭、朋友、归属感）
- 尊重的需求（如地位、名声、成就）
- 自我实现的需求（如发现自我、发挥潜力）

不是所有人都认同马斯洛的论说，当中最具争议的，在于各种需求是否确切是一层一层上去，还是各种需求是无时无刻以不同程度、不同环境和不同形势存在？有趣的是，根据更进一步的研究指出，人类还具有下列需求：

- 知识的需求（如认知、探索）
- 美感的需求（如美观、协调）
- 超自我实现的需求（如协助他人展现潜力）

根据满足需求的先后，我把这八项需求重新排列如下：

- 生理的需求
- 安全的需求
- 情感的需求
- 尊重的需求
- 知识的需求
- 美感的需求
- 自我实现的需求
- 超自我实现的需求

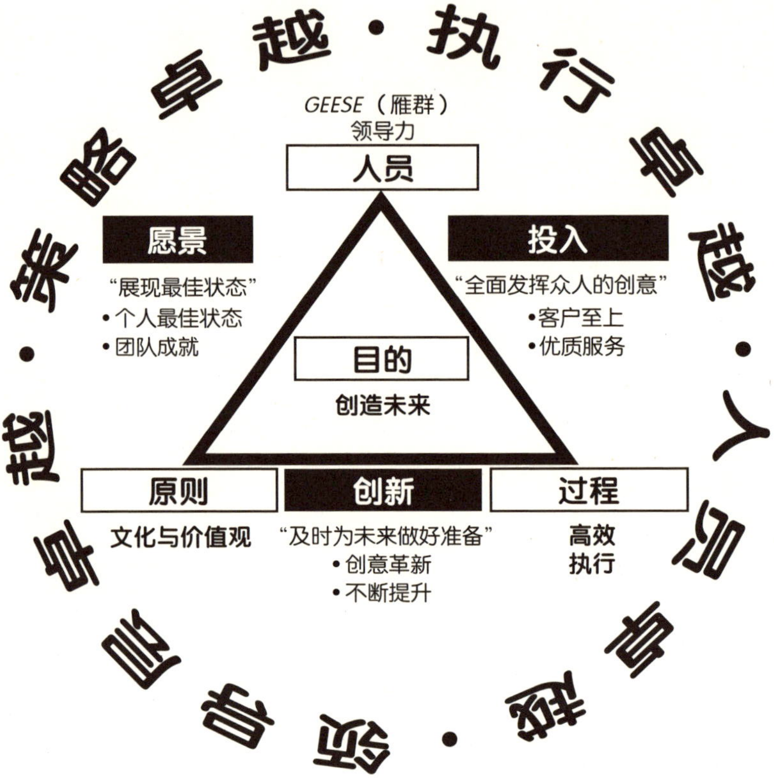
策略卓越·执行卓越·人员卓越·领导卓越·
GEESE（雁群）
领导力
人员
愿景
"展现最佳状态"
•个人最佳状态
•团队成就
投入
"全面发挥众人的创意"
•客户至上
•优质服务
目的
创造未来
原则
文化与价值观
创新
"及时为未来做好准备"
•创意革新
•不断提升
过程
高效
执行

卓越圈

首四项需求常被称为“不能缺失的需求”，人们要是缺少这些，就会感到能力不足，若有所失，缺乏自信心。后四项则被称为“成长的需求”，给人们要求自我提升、精益求精、发挥潜能到至高点的迫切感。

引人注意的是“超自我实现”的需求。这项需求在于协助他人成长，协助他人实现自我，被列为人类心灵的终极需求。

下节我要谈的“卓越圈”，是为个人和机构制订一个能协助他们取得杰出表现，以及不断探索自身最大潜能的框架。

卓越圈

如左图所示，卓越圈的中心由四大要素构成，它们是：

- 目的
- 人员
- 原则
- 过程

目的：卓越圈的中心，是目的（使命）。机构为了什么存在？存在的原因？存在的使命是什么？愿景是什么？有人说愿景应先于使命，也有人说使命应先于愿景。我则坚决相信，使命先行，愿景次之。机构的使命是永恒存在，即便10年、20年过去，使命不变。若是机构设立的目的或使命改变了，这表示机构存在的原因也改变了。

既然了解了使命代表机构长期存在的原因，这表示机构设立的目的必须在某方面，或多方面经久不衰。

“目的”下“创造未来”一语，明晰表示公司一早要团结全体员工并激励他们不断为机构创造美好的未来。因此，公司设立的目的必须能激励人心、充满挑战，并且志向远大、尊贵高尚，还要有前瞻性。

人决定了一家公司的能耐并孕育未来的发展。公司该做什么、不该做什么，全由他们来决定。

员工的潜力是否能得到发挥，决定权在领导人。优秀的领导人能够激励员工，让他们使出浑身解数，去施展才华。

每个人都有天资有才华，但每个人的天资和才华都不同。

人员：人决定了一家公司的能耐并孕育未来的发展。公司该做什么、不该做什么，全由他们来决定。受到高度鼓舞的员工，会有最佳表现；没有受到认同的员工，则意志消沉，会使机构的元气和活力大伤。

员工的潜力是否能得到发挥，决定权在领导人。优秀的领导人能够激励员工，让他们使出浑身解数，去施展才华。领导人的因素，就是这么重要。我在接下来的两章，会分别论述在位领导人的能力和个人领导的能力。

一个人的"天资"，在这个时候相当重要。我认为一个人的天资就是淋漓尽致发挥自己潜能的能力。它决定一个人能吸收多少知识、能掌握何种技能、能建构怎样的理解力，也决定他会积累什么样的经验。不过，要是一个人缺乏动力，不去发挥潜能、不去贡献自己的最佳状态，行事缺乏诚信，不能建立起信誉和信任，那再有天资也是徒然。

每个人都有天资有才华，尽管每个人的天资和才华不同，机构关注的，是怎样去激发出他们所具备的天资，怎样去调度、运用他们的才华，一方面让他们呈现自己的最佳状态，一方面协助机构有最好的发展。

员工的"天资才华"，还要看机构是以怎样的态度去对待。是让这些才华在机构里外川流不息？还是如库存的货品，发酸变臭？

领导人如果只把员工的天资才华当作库存的货品，就得当心机构的机能衰败。因为人处在一个固定职位太久，很难有应对瞬息万变环境的新意，也无法面对全新的挑战和机遇。

领导人如果认为人员的天资才华需要在机构里外川流不息，就得不断思索怎样才能让最佳的人才在不同的岗位充分发挥才华，以及怎样让他们在高度受鼓舞的情况下，不断抓住学习机会，让自己的能力更上层楼。

把员工的才华看成川流不息，所强调的是他们的活力和想象力；把员工的才华当库存的货品，所看重的是他们的知识与经验。

很多人错误地认为升职是给好表现的奖励，其实不是。

升职是意味着这个人能在更高阶层上，有杰出的表现。

对只有杰出表现的员工，领导人应该给予花红，而非升职。

把员工的才华看成川流不息，所强调的是他们的活力和想象力；把员工的才华当库存的货品，所看重的是他们的知识与经验。假使一个机构有能力持续不断吸收顶尖人才，那表示机构重视人才的活力多过经验。

一个关注员工潜力的机构，和一个重视员工表现的机构，运作起来，有着实质性的差别。毋庸置疑，员工的表现，肯定要重视。不管这个人的潜力有多高，终究还是以他的表现来奖赏。不看表现的奖赏，会破坏“论功行赏”的原则，还会被视作不公平、不正义的不良管理法，让其他员工士气低落。一个具备高潜力的人，展现了精彩表现，机构则不只会公平地根据今天的表现来发奖赏，还有理由考虑给他升职的机会，好让他在明天更高的阶层有更好表现。

很多人错误地认为升职是给好表现的奖励，其实不是。升职是意味着这个人能在更高阶层上，有杰出的表现。对只有杰出表现的员工，领导人应该给予花红，而非升职。如果不能肯定一个人是否能在更高职位上有杰出表现，那就不应该擢升。擢升一个人，而不管他能否在更高层次有好表现，这样的擢升，对公司、对个人都是不公平的。

与此同时，擢升一名员工，首先看重的是这个人的正直诚实，就如威士信用卡国际公司创办人狄伊·哈克所言：

> “征聘和升职，首要依据看这个人的正直和诚信，接着是干劲，其三是能力，其四是判断力，其五是知识，最后才是经验。不正直的人，他的干劲值得怀疑；没有干劲的人，是虚弱的人；虚弱的人，判断力有限；没有判断力的人，再多的知识也没有意义；没有知识的人，他的经验不足取。经验是最容易提供的，但凡具备了其他素质的人，都能很快掌握经验。”

“征聘和升职，首要依据看这个人的正直和诚信，接着是干劲，其三是能力，其四是判断力，其五是知识，最后才是经验。不正直的人，他的干劲值得怀疑；没有干劲的人，是虚弱的人；虚弱的人，判断力有限；没有判断力的人，再多的知识也没有意义；没有知识的人，他的经验不足取。经验是最容易提供的，但凡具备了其他素质的人，都能很快掌握经验。”

——狄伊·哈克

根据职员潜力来进行人事调动，并以职员表现为基准，对现有职员来说是最为公平的。

要确知对员工潜力的评估是否准确，惟一办法是让他去做，在工作中观察他。

管理层往往不太愿意凭据下属的潜力来分配工作，他们倾向任用有丰富经验的人。这种做法或许很稳当，却有两大危险：其一，这个“回避风险”的用人法，所选用的人在今天或许称职，却不肯定能在明天拓展业务；其二，它一定程度上封堵了职员大展拳脚或尝试新职务的机会，因为这种重视经验的用人法，倾向于直接从外物色经验丰富的人选来填补空缺，进而激起外来雇员和内部文化的不相容，也错过了激励和推动现有职员上升的机会。

根据职员潜力来进行人事调动，并以职员表现为基准，对现有职员来说是最为公平的。同时，它还能营造出内部开明有序的氛围。相较于年资较深，但能力、动力较低的职员，年轻职员当中能力更强、精力更旺盛者，有机会通过这一管道晋升。

要这样做，机构必须有重视员工能力和才干的风气，不断开发员工的潜力，所有对员工潜力的评估活动都要持续进行。

要确知对员工潜力的评估是否准确，惟一办法是让他去做，在工作中观察他。当然，这个人很可能做得不好，这不要紧，我们是对未知冒险嘛，这个风险值得去冒，尤其在瞬息万变，挑战重重的时代，惟有具备敏锐、灵活、创意、革新和勇气的素质，才是保障机构永续成功之道。

原则：原则指的是机构的思维模式，关乎这个机构在想什么、怎样想、为什么这样想。它是整个思维过程，涵盖公司的文化、价值观、计划、战略与策略。

过程：过程指机构的处事之道，意即机构做什么、怎么做、为什么这么做。它包括如何关注品质、反应力、灵活性、适当性、持恒性和可靠性的整个执行过程。

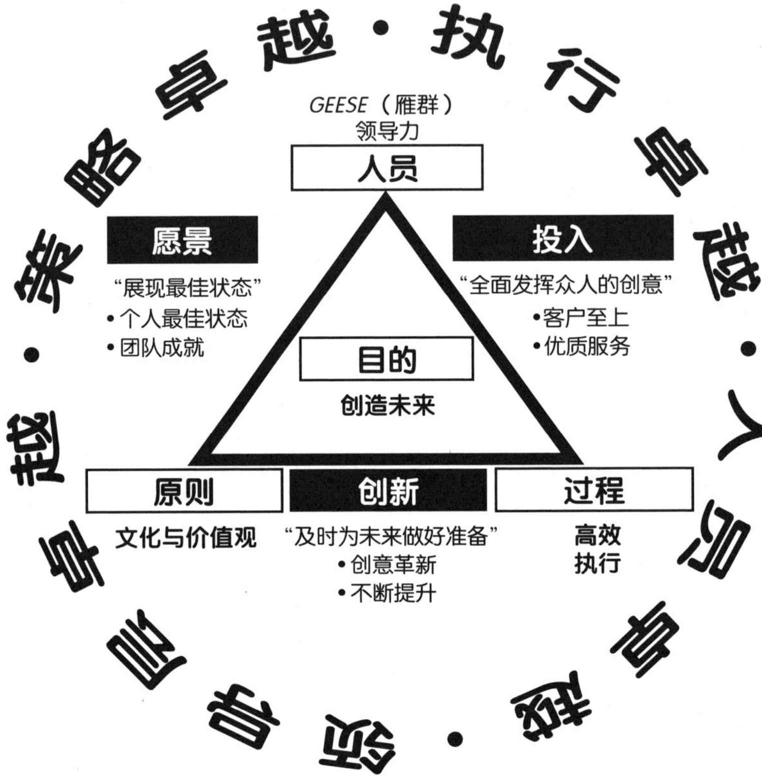

- **愿景：接通人员和原则**
- **投入：连接人员和过程**
- **创新：衔接原则和过程**

人员、原则和过程三者之间的关系

接下来，我讨论人员、原则和过程三者之间的关系。在这之前，请铭记一点，任何想法、行动都必须先通过机构设立的“目的”那一道关。

愿景：接通人员和原则

愿景，是探讨机构未来样子的一系列想法。它表达了对机构现时和未来的期许。它是人们基于“原则”而衍生出来的希望和抱负，由“人”而生。

投入：连接人员和过程

属下人员能否在运作过程中，彻底而且恰当执行机构的各种想法，是每个机构都要面对的困难。大家的问题在于“人员”在工作中有多投入？仅仅是该做什么就做什么？还是只动手动脚，不动脑筋？还是在面对困难时能全力以赴，绞尽脑汁呢？

创新：衔接原则和过程

机构行事的“原则”怎样通过灵活生动的方式在“过程”中表现出来，从而避免状况突发时机构陷入瘫痪？面对充满变数的未来，机构只有仰仗创新精神，才能在机会降临时抢占先机。创新能确保机构不深陷于现状的桎梏中，并且时刻做好变革的准备，从创造未来中获益。

采取行动

机构是杰出还是平庸，就看是否具备了愿景（接通人员和原则）、投入（连接人员和过程）和创新（衔接原则和过程）。

每个要素都有对应的行动：

- 愿景：要竭尽所能，表现自己的最佳状态。
- 投入：要尽全力发挥众人的创意。
- 创新：要及时为将来做好准备。

“竭尽所能，展现自己的最佳状态”，必需具备以下三个要点：

- 机构里的每一个人都要竭尽所能，全力以赴：这里关注的是士气和动力。
- 机构里的每一个人都要展现自己的最佳状态：这里关注能力和潜力，协助机构每个员工以最好的方式来实现和发挥自己的潜能。
- 机构里的每一个人都要同心协力，共创最好成果：这里关注协作和互惠。

每一要素都有对应的行动：

愿景：要竭尽所能，表现自己的最佳状态。

投入：要尽全力发挥众人的创意。

创新：要及时为将来做好准备。

竭尽所能，展现自己的最佳状态：这只是一般性的目标，每个机构都会发展出自身特定的愿景，但是只要这个机构没有以做到最好为目标的愿景，就代表这个机构不会有最好的表现。

追求卓越、成就最佳表现，这个挑战历久不衰，从不过时。一个机构，即便在它的专业领域已是公认的天字第一号，它倘若真以为自己已经登峰造极，那从这一刻起，这个机构就会步入衰败。

这项行动必需具备以下三个要点：

- 机构里的每一个人都要竭尽所能，全力以赴：这里关注的是士气和动力。
- 机构里的每一个人都要展现自己的最佳状态：这里关注能力和潜力，协助机构每个员工以最好的方式来实现和发挥自己的潜能。
- 机构里的每一个人都要同心协力，共创最好成果：这里关注协作和互惠。

任何机构，不能做好以上三点，就不是最佳机构。这行动号召的是个人和团队展现最佳状态，更重要的是需要卓越的领导层。

试想象以下三种人：第一个是柱着粗长拐杖的老人；第二个是抽着粗重警棍的警察；第三个则是挥舞着小指挥棒的乐团指挥。老人看起来力不从心，身边的人忙得团团转，什么帮也帮不上。警察则以惩罚来阻止他人犯罪。有他在，人们自会守秩序，不去惹怒他。乐团的指挥通熟乐团里每种乐器的乐性，他让每名乐师发挥自尽全力发挥众人的创意，动员众人全心投入，激发他们的能量和士气。

员工只有全心全意投入和奉献后，才会对自己感到骄傲、感到满足，益发再向机构作出大贡献，把机构的能量发挥到巅峰状态。

及时为将来做好准备。

要及时为将来做好准备，不断质疑、不断探讨新思想，并积极向各方学习。

这需要一个充满自信、果敢，又谦逊的领导层，他们敢于论争新思想，却不会陷入个人斗争中。

己最好的状态，取其和谐，融汇出美妙的音乐。三种人里，指挥手上的棒子最细小，力量却最大。它将全体乐师的创意和潜力发挥得淋漓尽致，创造出和谐和绝妙的音乐。

尽全力发挥众人的创意：机构首先要坚信属下的员工兼备创意和革新精神。要不，他们就真的什么精神都没有。

不相信员工的机构，就难以建立一个让员工展现才华的舞台。同样，要是员工不相信机构会珍惜或奖励他们全心全意的奉献，他们也不会全力以赴，机构也难有好的业绩。

动员众人全心投入，激发他们的能量和士气非常重要。员工只有全心全意投入和奉献后，才会对自己感到骄傲、感到满足，益发再向机构作出大贡献，把机构的能量发挥到巅峰状态。

如果我问你："你能一下子耍多少个球？"以我来说，要我同时抛接三个球是没有问题。你或许比我行，能同时耍四五个球。

由此，我们来严肃问问自己："能在同一个时间段里进行多少个大项目？"三个刚刚好，四个挺不错，五个就真算厉害了。假使我们要求属下接手清单里的任务，到了年终，整个部门指望能完成的，也就大概那三个、四个或五个项目而已。

如果动员全体员工全心投入，给他们表现的空间，让他们尽情发挥，那又会如何呢？员工也许不比我们强，至多只能同时进行两个重要项目，但属下10人，到了年终，就会完成20个项目，而不只是那三个、四个或五个了。所以我说，在动员员工的过程里，我们要寻求乘法效应。

据说，日本人在一年内发现的彗星比任何一个国家都多。一名日本教授说，这是因为日本人有好的器材。我却认为，这是因为日本有不少搜寻彗星的人。

显然，让众人积极追求同一个目标，给他们自由表现和试验的

卓越开发流程图：

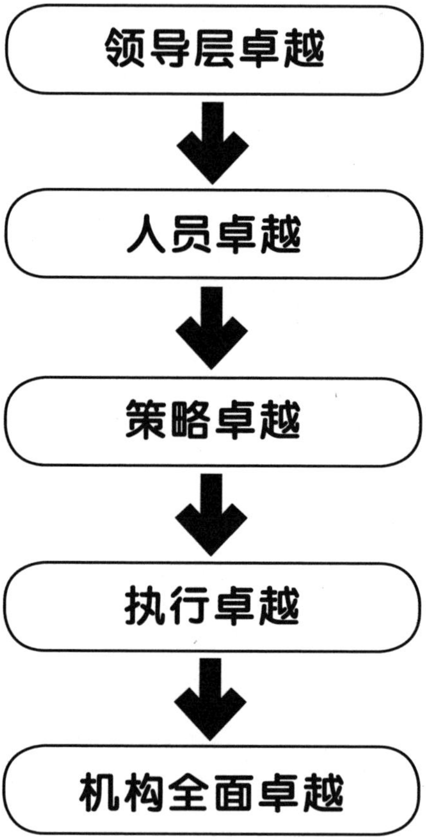

空间、时间和资源，多方结合起来，在生产、创意和革新上，就是一个强大的组合。

及时为将来做好准备：一个成功的机构是前瞻的，思考未来并及时作出调整。以未来为重点的领导方式，是一个机构优秀或平庸的差别所在。下一章，我会仔细讨论这点。

"及时为将来做好准备"，可以为机构不断提升和创意革新，提供强大的动力。这项行动，要求机构不断质疑、不断探讨新思想，并积极向各方学习。这需要一个充满自信、果敢，又谦逊的领导层，他们敢于论争新思想，却不会陷入个人斗争中。

领导层卓越，人员卓越；策略卓越，执行卓越。

小心谨慎处理目的、人员、原则和过程这四大领域，为的就是使机构精益求精，臻于至善。

正如卓越圈所述，它需要四大要素：

- 领导层要卓越
- 人员要卓越
- 策略要卓越
- 执行要卓越

这个排序非常关键。

- 首要是**领导层必须卓越**：只有领导层才能指出卓越之路的方向，其他方面根本做不到。
- 接下来是工作**人员要卓越**：一个有超凡表现的机构，是一个能协助每个工作人员有最好表现的机构。
- 紧接着是**策略要卓越**：有卓越思维过程的机构，才能制订出超凡的计划、战略和策略。

卓越圈对国家、机构，乃至家庭、个人，都同样适用。

我们太普遍认为“目标”就是“产品”，“过程”只是“手段”。其实，“过程”才是目标。

今天的产品，其实仅是一种手段，只是用来检验这个过程能否奏效罢了。

- 最后则是**执行要卓越**：一项卓越的执行行动，可从它超凡的表现、具竞争性的定位，以及顾客的满意度展现出来。如果只抄“表现卓越”这条捷径，是建立不了坚实的根基，确保不了持久的超凡表现。

目标在于“过程”

卓越圈对国家、机构，乃至家庭、个人，都同样适用。

可惜，对于家庭和个人，一般人的焦点能集中在潜力和能力的培养；至于机构的焦点，却往往只重视产品和服务。

我们对自身、对至爱至亲，为什么会关心该怎么做能比现在更好？对机构，却只关注产品与服务素质呢？如果我们要使机构精益求精，有最佳表现，就得完全扬弃这种思想。

客户今天高兴，难保明天也高兴；今天有出色的财务业绩，不表示明天也依然出色。清晰的思维、强固的内部营运，还有掌握不断进步的技能和不断成长的人才，才能打造出一个“及时为将来做好准备”的机构。

我们太普遍认为“目标”就是“产品”，“过程”只是“手段”。其实，正确的思维模式刚好相反，应该看到“过程”才是目标。我们是怎样思考？怎样执行？怎样培养能力和潜力？怎样追求永续成功？今天的产品，其实仅是一种手段，只是用来检验这个过程能否奏效罢了。

挑战 九

知道自己要往哪儿走

在刘易斯·卡罗尔的《爱丽丝梦游仙境》书中，爱丽丝不知道自己应该走哪条路好。这时，她看见了一只坐在树旁的猫咪。

“柴郡猫。”她胆怯地说。她不知道猫咪是否喜欢这个名字……“请你告诉我，离开这里应该走哪条路？”

“那要看你想上哪？”猫咪说道。

“上哪儿，我都不在乎。”爱丽丝说道。

“那你走哪条路都无所谓。”猫咪接着说。

“只要，能去到一个地方。”爱丽丝又补上了一句。

“哦，那你肯定行。”猫咪说，“只要你走得够远的话。”

爱丽丝的故事，道出了我们应当对自己想要达成的目标有一定的想法，这样我们才能够计划每一天要做什么。

这个启发不仅适用于办公室，也适用于人生。

想要完成一件有价值的事，不只是凭希望这么简单。在生活中我们怎样看待事物，会决定我们能多大程度地完成目标。

一条溪流中夹杂着许多石头。

石头坚定不移，丝纹不动，哪里也不去。

水流则不断从石缝间川流，一段时间后，终将石头冲倒。

你的机构像石头还是像水流？是像石头那样，坚定不移、丝纹不动，让水绕着它流动呢？还是像水流一样，前路不被石头阻挡，在夹缝中找出一条路来呢？

机构，是具有生命力，是生生不息，动力十足，而不是死气沉沉、呆滞乏力。我们秉持着诚信、正直等核心价值，不被障碍阻挡。

把自身看作是石头，将不会改变；把自己看成流水，则所向无阻。

前进的不二法门就是改变。我们要学习、要提升、要革新。这适用于任何机构，也适用于自身。

你怎样看待自己的人生呢？有想过要成为什么样的人吗？想过要往哪里去呢？还是，你和爱丽丝一样，不怎么了解自己的方向呢？

要是我们对未来有所期待，我们是否有能力作出改变，让生活变得更好呢？还是我们不愿改变、不愿尝试新事物呢？

当你发现问题，你会对它视而不见，还是尝试去解决呢？石头止步不前，流水则不住流动。你要当石头，还是流水？

第九章

要是不能解决未来种种万千变化的挑战，那这个领导人是失败的。

使命先于愿景。

即便使命基本不会有太大变动，愿景却要经常更新，因时而异，要应对周遭环境的变迁，才能确保机构存活，追寻永续成功。

第九章

在位领导力

上一章提到，在位领导人须要清楚认识机构或公司的创立目的和方向，因为机构的创建目的、使命和它未来的模样，是由在位领导人来塑造。他也为机构规划出一整套策略，罗列出执行的步骤来有效推行。他更决定了机构的文化和价值观，两项我们认为是机构取得永续成功的关键。更重要的是，在位领导人要塑造机构的未来并做好准备。一旦该说的说了，该做的做了，仍然不能解决种种万千变化的挑战，那这个领导人是失败的。

使命先于愿景。使命界定了机构存在的原因，愿景则表达了领导人确切的事业目标和成效的期待，它界定了机构将取得怎样的成就。

即便使命基本不会有太大变动，愿景却要经常更新，因时而异，要应对周遭环境的变迁，才能确保机构存活，追寻永续成功。客户的口味和期望，都会改变；人民的收入水平、环境的竞争性、科技发展等也都不是一成不变。

要带领一个机构成功走向未来，领导人必须在变革这个环节有杰出表现。领导人在“领导未来”或“领导变革”中，一旦做得不好，即便为自己创造了财富，却辜负了机构所有人对他的期待。

成功机构步向灭亡的最常见导因是：

- 不能在好的时局作出变革
- 不能把握住好的时机及时作出改变

为将来领导

之前提到，机构陷入致命失误是因为以下三点：

- 未能学习过去
- 未能适应现状
- 未能预判未来

未能学习过去：不能从自己的机构或别的机构的失误中学习，是轻视了汲取宝贵教训和学习的机会。

未能适应现状：任何政策或措施，在刚推出时是最好，也是最可行的。随着外在环境和人民的种种变化，这些从前设置的政策和措施会变得越来越不合时宜，和当下渐渐脱轨。不能适应现状，其实就是向官僚主义低头，向冷漠投降。

未能预判未来：不能在好的时局作出变革，不能把握住好的时机及时作出改变，是自满作祟、勇气缺失，也是成功机构步向灭亡的最常见导因。

机构内一切运转良好时，开销对管理层不是问题，即便员工表现不达标，也能稳稳当当，坐收工资。一旦经营有了困难，领导层会立刻采取强硬手段；更糟的时候，有人会被裁退。

那些能力只够应付当下，却没有足够潜力肩负其他重任的人，也同样处境不妙，他们会被劝说另谋高就，去寻找一份更适合他们的工作。

因此，当一名工作表现仅仅差强人意的员工在30岁时，没有被好好的培养，或转到其他更适合的岗位，到他40多岁时，会因为表现不好被裁。对这名员工来说，这个遭遇是够惨的，因为那正是他背负沉重房屋贷款或孩子教育费的时刻。所以，身为负责任的领导人，必须面向未来，时刻为员工的将来做好准备。

身为负责任的领导人，必须面向未来，时刻为员工的将来做好准备。

“我们正从一个‘大吃小’的世界，转成一个‘快吃慢’的世界。”

——克劳斯·施瓦布

在一切“未知”中，机构必须尽力具备未雨绸缪、预知未来的能力；同时也要对任何意料之外、意想不到的局势作出迅速反应。

未来，既是未知不明，也是飘忽无定、难以预料。资讯泛滥，多到爆炸，变化的速度加剧，使得未来更加复杂，充满变数。世界“经济论坛”创办人克劳斯·施瓦布说得好：“我们正从一个‘大吃小’的世界，转变成一个‘快吃慢’的世界。”在一切“未知”中，机构必须尽力具备未雨绸缪、预知未来的能力；同时也要对任何意料之外、意想不到的局势作出迅速反应。

即便未来是飘忽不定，难以预料，我们仍然有办法做到“预知未来”和“未雨绸缪”。前者需要我们有纪律地审慎设想未来，后者则需要我们有纪律地谨慎应对事态。两者缺一不可，可惜能两者面面俱到的人却少：前者经常由战略家、规划人员组成，他们不断想归纳出规律，也不断搜集数据、深入研究，只为厘清自己的思路；后者通常是营运人员、活动家，他们不会因为情况模糊、时局不明朗而无所适从，他们经常在尚未探明局势，就采取行动。这两组人一般对立，表面上却会假装相互尊重。

模拟情景规划

要对未知事物或未知将来进行预判，运用“模拟情景规划”是一个好办法，详情可以参照彼得·施瓦茨所著《模拟情景规划的艺术：为不确定的世界规划未来》一书。模拟情景规划以几个不同本质的情景，对未来描绘出不同的景象。

所有模拟的情景看起来都是合理的，也都有可能发生。它的原理在于识别能对将来有重大影响的推动力，把可预知的元素从有关键作用的不可预知情景分开来。对未来影响比较大的因素往往是地理、人口、科技等因素，它们经常为政治和经济决定了方向，或至少界定了范围。

模拟情景规划是好办法，它能对未来构建一个概念框架，里面有“已知的可知数”、“可预知元素”（例如人口增长幅度），再从重要的却未可知的情景，引出“已知的未知数”。

要对未知事物或未知将来进行预判，运用“模拟情景规划”是一个好办法。

“模拟情景规划”能解构出

- “已知的可知数”
- “已知的未知数”
- “未知的已知数”

却无法应对“未知的未知数”

对于射击流程，一般人都习惯“预备、瞄准、发射”，即在时间允许下，把武器预备好，瞄准目标，然后开枪。

但面对突如其来的变故时，这个流程就会反转成“发射、瞄准、预备”。

模拟情景规划还能带出“未知的已知数”。这一类元素虽然可以预知，却并未得到足够的重视。以定义来说，模拟情景规划确实并不能应对“未知的未知数”——这些变数经常出乎机构的意料。但是回头看，机构只要多一点好奇心、想象力，以及谦逊的态度，未必就不能预知事态将有的发展。

尽管如此，无论机构有多努力去预知未来，依旧免不了会有盲点，和足以令人大吃一惊的事态拐点。由此而引发的巨变，有可能对机构是致命的。

我认为如何应对突如其来的变故，是一门艺术，也是一种心态。如果说突发事件从前曾经发生过，或很类似，相关部门应对起来当然不困难。然而，总有些事情是绝然不同的，就如2002年终，由呼吸道病毒沙斯所引发的疾病（严重急性呼吸综合症）首次出现人类感染时，政府即便对问题的症结毫无头绪，也要迅速应对。就好像面对病人大量出血，医生虽然不知确切导因，首要的任务还是要先让病人止血，避免病患陷入休克状态。

又比如射击流程，一般人都习惯“预备、瞄准、发射”，即在时间允许下，把武器预备好，瞄准目标，然后开枪。但面对突如其来的变故时，这个流程就会反转成“发射、瞄准、预备”。因为最重要的第一反应是先开枪，探查射击到什么、子弹是否射中目标，之后才是“瞄准”，不断调整，直到击倒目标为止。

并非所有人都能适应这种相反的流程，不过在致命失误发生时，对应这项突发事件的一切规律、理解、理论或系统化的反应尚未制订时，这相反的流程却是必要的。

领导变革

如前所述，领导人是从无到有促成新事物的关键人物。因此，身为领导人必备的一项重要技能，就是引导变革。而预判未来、应对突变，只是领导变革的其中一项具体要求。

身为领导人必备的一项重要技能，就是引导变革。

任何机构想要追求卓越，臻于至善，就得精益求精，不断变革，想办法做到最好。

在好时局及时作出变革，是最明智的做法。

要机构在一个没有显著内忧外患时刻推动变革，非常需要高层管理有洞察入微的先见之明，以及有纯熟的沟通技巧。

任何机构想要追求卓越，臻于至善，就得精益求精，不断变革，想办法做到最好。不过，如果领导人无论在不在，变革都要发生的话，那在过程中领导人最好不要出场，不要成为改革路程中的阻障。

领导变革和管理变革

任何领导过变革的人都知道这个过程并不简单。这里，我刻意把“领导变革”和“管理变革”两个词区分开来。

“领导变革”指的是自觉、持续，并坚定地为机构思考能提升的变革。而“管理变革”，则是一种手法，包含制订计划、策略和工作内容，监控目标和努力的成果，但不包括纪律、坚持和投入。

把握好的时局及时作出变革

变革一向不容易，许多机构因此只在真正遇到危机才会开动变革。当机构遇上危机，所有人都会期待机构及时有所动作，不论这个行动是大家喜欢或不喜欢，至少是针对问题而采取的行动。由于变革的需求显而易见，没有人会为此感到意外；至于变革是否受欢迎，又当别论。

然而，等危机来临才进行变革，有两大问题：

- 危机中的机构，经常是处在士气低落、高度紧张的状态中。机构内部人员，会比外界或甚至比董事会更早知道危机的迫近。
- 机构中最优秀的职员可能会先行离开，因为他们知道事态不妙，估量其他地方更能肯定他们的能力，会欢迎他们加盟。

为一个人员士气低落、能力低下的机构进行变革，会面对更多的困难。因此，最明智的做法还是在好时局及时作出变革。

变革有两种障碍：

- 人事障碍
- 资源障碍

人事障碍一般比较难应付。各种人事因素，诸如焦虑不安、互不信任、能力缺乏、不愿合作等状况，都要一一解决。

资源障碍则相对容易，它可以通过经费的分配，或富创意的运用资源，或双管齐下来解决。

在机构风平浪静的时候进行变革，还有一项好处就是员工被裁退或是想要离职时，机构能让他们在就业市场有更多选择，以及有更充裕的时间去找工作，而非匆忙离职，这是机构对他们最体谅之处。

但是要机构在一个没有显著内忧外患时刻推动变革，则非常需要高层管理有洞察入微的先见之明，以及有纯熟的沟通技巧。一般人必须眼见机构有了失误，才会感觉有变革的需求。如果机构的失误不像处在危机中那般显眼，高层就要和下属进行有效的沟通，让大家了解变革的紧迫性，设想及时采取变革的好处。

变革的障碍：人事障碍和资源障碍

下定决心推动变革，不表示变革的过程会是轻松。

变革有两种障碍：

- 人事障碍
- 资源障碍

人事障碍一般比较难应付。各种人事因素，诸如焦虑不安、互不信任、能力缺乏、不愿合作等状况，都要一一解决。资源障碍则相对容易，它可以通过经费的分配，或富创意的运用资源，或双管齐下来解决。

要变革成功，必须制订出各种方法来破除障碍、跨越障碍，或是绕过障碍。这需要想象力、决心以及意志力。更重要的是，要打动人心。领导人必须认识变革是理性的和感性的，要同时照顾头脑和心灵，而不仅仅只让人了解变革的目的和详细的计划。

人事障碍可分为四种：

- 信仰障碍
- 知识障碍
- 信心障碍
- 权力障碍

人事障碍

人事障碍可分为四种：

- 信仰障碍
- 知识障碍
- 信心障碍
- 权力障碍

信仰障碍：信仰障碍源于人们认为变革和自己的价值观及信仰相悖，和机构存在的目的、营运方式有冲突，因此不支持变革。

换言之，他们认为所提出的变革会破坏他们心目中机构的宗旨和特性。因此，至少要向他们提出一个和需要变革相关的案例来说服他们。即便他们在心理上或情感上还是不能接受，至少要让他们看到这个变革是为了让机构与时并进，因应环境变化（如人口、科技或文化环境、社会环境的变化）所作出的努力，并不会破坏机构存在的使命。

知识障碍：知识障碍源于人们从自身的知识和经验中，领会不到领导层眼中变革的必要或变革的智慧。

要说服这些人，必须协助他们看到变革背后的理由。可以通过展示相关的事实和数据，或带领他们查访竞争对手、同行，或带他们到机构的营运部门，让他们亲眼看到问题的所在，了解变革有其明确的必要性。有知识障碍的人通常比较客观，比较理性，可以通过讲事实和摆道理来说服他们。

信心障碍：信心障碍源于人们对变革没有信念也没有信心，因而不想改变。他们认为变革徒劳无功的原因有千百种，例如认为高层管理只是嘴上说说，并没有实际的承诺，因此不会付出时间与精力，认真地全力以赴，努力去完成变革。又或者认为同事不会真的资源障碍源于以下几个原因：

- 没有得到高级管理层拨时间协助和关注
- 缺乏开支预算
- 不能自由掌控设施与专才

解决资源障碍必须通过游说、协商，甚至是“以货易货”的方式来解决。

凭小小成就就想换取更多资源，是不可能的事。

重视和支持变革，又或者认为变革过于复杂，不会引起相关者长久的兴趣与关注。

这些人不是否定变革的成果，只是不相信变革会成功。他们对成果究竟是什么样子，是模糊不清、半信半疑，因而感到焦虑不安。所以，必须提供足够的培训，让他们有机会参与变革流程的设计，并通过高层的实质鼓励和明确支持，来建立起他们的信心，参与推动变革。

权力障碍：人们不支持变革，往往是因为变革会损害自己的权力与威信。这项障碍很难辨识，因为有权力障碍的人都不会承认变革会侵害他在机构里的身份、地位才反对变革。他们会提出各式各样的理由，至少是更加体面的理由，仿佛是受信仰、知识，或信心障碍，而其实却是受权力障碍。尽管我们会绞尽脑汁，设法让他们加入成为变革的发起人之一，但不少例子证明他们根本拒绝加入变革阵营。

资源障碍

人们常认为变革不可能获得相应的资源，因而不热心变革。其实，只要妥善处理人事障碍，资源障碍就容易解决。

资源障碍源于以下几个原因：

- 没有得到高级管理层拨时间协助和关注
- 缺乏开支预算
- 不能自由掌控设施与专才

解决资源障碍必须通过游说、协商，甚至是“以货易货”的方式来解决。这里面常犯的错误是要求得太多、要求得太早。凭小小成就就想换取更多资源，是不可能的事。请以手头上的资源先开展试验，证明了自己的新想法值得投资，那时才来要求更多资源。

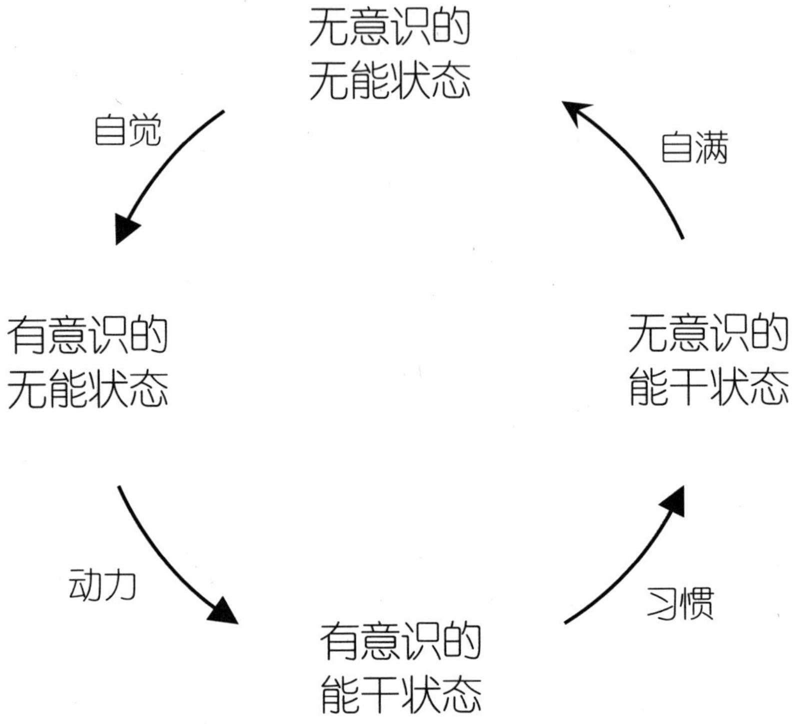

改进圈

要推迟还是要坚持?

改进圈昭示了一般变革经常失败的缘由，也道出让手下从无意识的无能，转为无意识的能干，是领导人的责任。

无意识的无能：许多机构的初始状态就是“无意识的无能”，整个机构或部分机构成员并没有意识到本身的不足。

有意识的无能：直到有一天，管理层意识到机构的不足，即进入到“有意识的无能”状态。这一般是通过和同业的比较、参观其他机构、阅读文献等方式来醒觉。

有意识的能干：有了改进的意愿，机构会开始学习和研究，派职员参加培训课程、检讨工作流程，这就进入“有意识的能干”状态。这时候，总会有人制订一系列的工作准则，或是标准程序，让大家遵守。这些准则对新进员工尤其有用，他们有了一步步可参照的详细指南，即便不了解准则背后的目的，也能很好地完成任务。

无意识的能干：当机构里的成员不明白自己为什么要这样做、那样做时，机构就处在一个“无意识的能干”状态。他们的客户至少有一段日子还会获得良好的服务，即便这个服务供应商并没有意识到自己究竟好在哪里。

“无意识能干”的状态是一个危险区，因为既然对自己为什么好，完全没有意识，他们迟早会浑然不知地堕入“无意识的无能”状态。

因为环境改变了——客户改变了、客户的需求不同了、竞争者加入市场了、科技引进了新的方法和新的期望。所以，机构堕入无能状态，很快就是事实了。

一个机构要是不能不断质问自己在做什么？如何做？就会陷入“无意识”的危险，由此而生的自满可说是致命的。

一个机构要是不能不断质问自己在做什么？如何做？就会陷入“无意识”的危险。

有的时候，反对来自权力障碍；有时，则因为信仰障碍，让人无法论证或克服。

在这些例子里，我们要让反对的人靠边站，不接受他们的意见，要继续推行变革。

变革是困难的，甚至是危险的，但变革却是领导人的重要职务。

“没有事情比推行新秩序更困难、更危险。因为所有旧秩序中的既得利益者都与改革者为敌；而将在新秩序中受益的却只是不冷不热的维护者。”

——尼可罗·马基亚维利

面对反对变革的浪潮，人们一般都将所有抗拒当作知识障碍来处理，进行很多解释和沟通，如果这还不能解决问题，机构应该认真考虑，是否要不计后果地坚持变革。

有的时候，拖延某项变革，等待更适当的时机可能是明智的做法。有时候，这却不一定恰当。

事实上，并非所有的反对都基于知识障碍。有时候，反对来自权力障碍；有时，则因为信仰障碍，让人无法去论证或克服。在这些例子里，我们要让反对的人靠边站，不接受他们的意见，要继续推行变革。因为不坚持变革是错误的，甚至是致命的失误。

我们要谨记每项变革都有人反对。尼可罗·马基亚维利曾经说过："没有事情比推行新秩序更困难、更危险。因为所有旧秩序中的既得利益者都和改革者为敌；而将在新秩序中受益的却只是不冷不热的维护者。"

机构经常来到一个时刻，必须把整个情况清楚摆在全体员工面前说："列车就要开了，你可以上车、可以下车，请不要挡在列车前头。"

所以，变革是困难的，甚至是危险的，但变革却是领导人的重要职务。变革失败，简单来说，就是机构的灾难。

总而言之……

我描绘了人们对在位领导人的期待。领导人可以通过威胁或说服等不同的手段，从员工身上取得自己想要的反应。然而，手段不同，下属付出的智慧和热情不同，所取得的成果也不同。他们也许只会按照指示办事，满足上司的要求就好——就好像聘用了他们的头脑和四肢，却没有赢得他们的心。只要员工没有全力以赴，机构的表现就不可能达到巅峰状态。要赢得人心，必须靠超凡的个人领导力。我在下章详细讨论。

挑战 十

看人好的一面

在幼稚园里，汤米就是不能安安静静地坐着。老师讲故事时，他总是到处走动、到处讲话，还会干扰其他孩子学习。午觉时，他也不睡，总是在房间里到处跑动。老师控制不了他，认定他就是一个爱惹是生非的小孩。

教师节那天，每个小孩都为老师送上一份小礼物。汤米也准备了一份礼物。那是一个小盒子，外面裹上了色彩缤纷的礼物纸。老师小心翼翼地打开盒子，发现里面装着一只毛毛虫。她以为汤米在作弄自己，当即大发雷霆，狠狠地骂了汤米一顿，接着就将盒子丢进废纸篓里。

放学后，老师发现了一个小信封，是从其中一份礼物里掉出来的。信封里装着一封汤米写给她的信："亲爱的老师，我送了一只毛毛虫给您，希望它以后能长成一只漂亮的蝴蝶。"

看完后，老师深感愧疚，汤米只是想要做一件好事，她却丢掉他送的礼物，还臭骂了他一顿。这是为什么呢？这是因为她觉得汤米很顽皮，认定了他所做的一切都是在捣蛋。

很多时候，我们就像这名教师。

比如，某人某天做了一件错事，我们会认定他从此做不出什么好事。不管他之后工作怎样，我们都视而不见、置之不理，因为我们一早认定这人做不出什么好事。

再比如我们见到一个小时候患上小儿麻痹症，现在不能像常人一般行走的人，我们会认为他的脑袋也不正常。在讨论工作时，我们不会叫他一起来，也不会分派艰难的任务给他。然后，我们会说，为什么他的工作就是做得不够好。

你可以说这是“歧视”，也可以说这是“成见”，其他人则称之为“思维模式”。它代表了我们看人的一种方式，它让我们看不见别人的长处，也让我们不去好好了解别人。

第三个例子：如果我们认定客户只会欺骗我们，我们就会想出各式各样的规矩来束缚他们。要是我们相信大多数的客户都是诚实、奉公守法，我们做事就会以他们的便利为先。与此同时，再想一些法子，来抓住那些想要招摇撞骗的少数人。如此一来，我们就不会因为一小部分的害群之马，而影响到对其他客户的服务。

请好好正视我们的“思维模式”。这些“思维模式”是不是适用于我们的客户、同事，和我们的工作呢？千万不要让这样的“思维模式”阻挡我们去发现各种可能性，阻挡我们去抓住机会、提供更好的服务和展现更好的成绩。这就是我们要提倡的卓越公共服务之道——必须不停反思、不断改进，时时想着要做得更好。

我们的“思维模式”一定要让我们去发现以后那只漂亮的蝴蝶，而不只是看到现在那只丑陋的毛毛虫。

第十章

领袖的要义：

- 不看地位，只看有多少追随者；
- 不看名望，只看工作成绩；
- 不靠说教，只看能否树立榜样；
- 不享特权，只谈责任。

第十章

个人领导力

个人领导力是在位领导人取得成功的关键。它能像春风那样赢得员工的头脑和心灵，全力以赴为机构工作。具备了个人魅力的领导人，员工才会追随你，才会以你的能力为贵。他们从你待人接物的关爱感受到你的真诚，从你所树立的榜样有了感悟，进而去竭尽所能，去立志也要成为一名领导人。

没有追随者的人就不是领袖。这个定义看似浅显，却经常被忽略。人们可以称呼我们为董事长、总裁，或是主管、指挥官，只要少了甘拜下风的追随者，我们就不是领袖。

彼得·费迪南·杜拉克在《未来领袖》中简明扼要地阐述了领袖的要义：

- 不看地位，只看有多少追随者；
- 不看名望，只看工作成绩；
- 不靠说教，只看能否树立榜样；
- 不享特权，只谈责任。

一个宅心仁厚、平易近人，合群善交际，从不挥舞着大棒，只任由下属想怎样干就怎样干，想做多少就做多少的领导人，并非好领导。只有严格、高要求、有高素质的领袖，人们才会追随他。曾经投身军旅的人都很清楚，在战场上，被他们称兄道弟的人，和被他们视为领导的人，是两种人。

一个人是由三部分组成：

- 躯体
- 灵魂
- 精神

一个有所作为的好领导，要认清自己的目标，要和下属的精神层面联系起来，鼓励下属去找、去做他们自己认为最好、最正确的事情。

追随者一般是深信这位领导能让自己的生计有保障，生活幸福，能活得更好；或尊重这位领导正做着改善自己生命的行动。吸引追随者的品质，既是当领导人的关键，也有必要从潜在追随者的视角出发，去理解怎样当一个好领导。

当好领导有一个前提，就是要以开发下属的潜力为目标，而不仅仅是要求下属完成这个或那个任务。

要下属完成手头上的任务，仅仅给予指引、训练，或厉声威吓一下就能解决。不过，如果要他们愉悦地开展任务，了解必须不断提升自己，不停注入创新的热情，时刻关注品质、信誉和每一项细节，并自豪地完成任务，这需要好领导把下属的身心调动起来，让他们全力以赴去把自己的潜能发挥得淋漓尽致。

我这里先谈谈人的结构。一个人是由三部分组成：

- 躯体
- 灵魂
- 精神

躯体：躯体通过五种感官来和外界联系。这五种官能是：视觉、听觉、嗅觉、味觉和触觉，能让我们看到人们在做什么，听到他们在说什么，闻到什么样的香味，品尝到什么样的美味等等。正是这副躯体，给了我们“世界意识”。

灵魂：灵魂由智慧（所思）、情感（所感）和意志力（所愿）组成。

每个人都有意志力去决定要做的事。他们或理性用头脑思考，或感性用心灵感受，或理性和感性兼备。人们各自决定要怎么做，有人选择跟随众人、顺应潮流，让感官去聆听周遭和观察周围，指引前进的方向。

GEESE（雁群）领导框架反映了下属心目中理想的主管须具备的五个要素：

- **指导（Guide）**
- **同理心（Empathise）**
- **激励（Energise）**
- **协作（Synergise）**
- **壮胆（Embolden）**

有人则根据内在的意向作出抉择，根据内心所认定的价值观和道德伦理去决定应该怎样做事。这就进入了人的第三个部分——精神。灵魂赋予了“自我意识”，它让人的所思、所感、所愿各有特色，和其他人不同。

精神：精神是人最深层的结构。精神最重要的成分就是良知。良知是“内心罗盘”，在思想举止上给予是非对错的导向，是“神的意识”。

尽管人们对是非对错的判断不尽相同，但是内心都有一个“罗盘”。人们的思想、情感，乃至决定，即灵魂会受到所见所闻的周遭（躯体），或内在的信仰（精神）所影响。

在此简述躯体、灵魂和精神这个课题是有原因的。一个有所作为的好领导，不能把自己的任务简化成发号施令或要人遵循服从（即只运作“躯体”）；而是要认清自己的目标，要和下属的精神层面联系起来，鼓励下属去找、去做他们自己认为最好、最正确的事情。主管要员工全心投入，全力以赴，发挥机构的最大潜能，就要“解放”下属，让他们去自由表现，展示自己的最好状态。

GEESE领导框架

几年前，我的一组职员自发地协助我进行了一项研究。他们探究下属心目中理想的主管所应该具备的素质，所得到的结论很有启发性。他们发现下属心目中理想的主管，只须具备五个要素。这五个要素，缩写成GEESE（雁群）：

- 指导（Guide）
- 同理心（Empathise）
- 激励（Energise）
- 协作（Synergise）
- 壮胆（Embolden）

有能力指导下属，又能指导得好的领导人，是那些肯去不断学习、时时刻刻提升自己的人。

领导人必须真心关注下属福利，真心聆听他们的心声，能从下属的视角出发，去了解他们的需求和动力。

对下属有谅解、同理之心，就表示能与他们同行。如果你想员工快步跑，你就得和他们一起跑。

指导

主管必须学识渊博、能干、有才华，同时还能辅导下属、培训员工，给下属引路，好让他们能竭尽所能，表现自己的最佳状态。

能干，是下属对上司的第一要求。能力最差的上司，是那些只会叫你做这做那，自己却不知道该怎样做，该怎样去把事情做好的人。这里不是说上司一定要无所不知、无所不晓，要熟知一切细节详情，这里要求上司必须有足够的知识和能力，帮忙下属把事情做好。在资讯爆炸的今天，有能力指导下属，又能指导得好的领导人，是那些肯去不断学习、时时刻刻提升自己的人。

同理心

同理心，指能够体谅他人的感受。主管必须是一位能真心关注下属福利，真心聆听他们的心声，能从下属的视角出发，去了解他们的需求和动力。

对下属有谅解、同理之心，就表示能与他们同行。如果你想员工快步跑，你就得和他们一起跑。有人说，如果你不能让员工相信上司对他们很在乎，也就不好期望他们对这份工作很在乎。因此，若想员工全力以赴、竭尽所能，一开始就得让他们感受到你是真诚关心他们的福祉，真诚希望他们成功。

一个让主管运用谅解同理心最有力的做法，就是不断问说：“你要我怎样帮你把事情做到最好？”

身为领导人如果记不住该怎样做才能吸引下属追随自己，那就牢记上面那句问话。这句问话表现了讲话这个人有多关心人，有多乐意去帮助人。

问句中的这个“你”字是指谁呢？

首先，这个“你”是指上司。这很重要，要谨记。我们要谨记必须协助上司取得成就，绝对不能削弱上司的地位或导致他失败运用谅解同理心最有力的一个做法，就是不断问说："你要我怎样帮你把事情做到最好？"

"你"字指的是：

- 你的上司
- 你的同事
- 你的下属
- 你自己

要激励员工，领导人就得想办法让他们喜欢工作、投入工作。

（当然，如果他执意不要你的帮忙，陷自己于困顿，你也无能为力）。为什么要让上司知道你非常想要帮助他成功呢？这是为了赢取上司的信任，树立自己的信誉。只有这样，上司才会给你更大的自由空间去做决定、去行动。上司的“授权”，是许多人梦寐以求的，得不到的人，是因为还不曾建立起上司对自己的信任。

其次，这个“你”，是指同事。这句话很多人听了觉得不对劲，因为一般人都把同事当成对手，而不是帮手。然而，在复杂无比的今天，我们几乎找不到任何事情，可以仅凭一己之力就能成功。所以，和同事维持良好关系是很重要的。有了良好关系，他们即便不会同样向你伸出援手，至少不会给你添麻烦。

第三，这个“你”显然就指向你汇报的下属。要让他们忠诚追随你的最好办法，莫过于让他们知道你要协助他们成功。不过，要以真心关爱他们。切记，你有没有心，他们能一眼看穿。

最后一个“你”，或者说，其实是第一个“你”，该是你自己。你要怎样去帮助自己呢？你是否不断在学习、一心要做到更好，让自己有最卓越的表现呢？从你的肢体语言，是否都能反映出你是秉着坚定的意志力和信念在做事呢？

激励

要激励员工，领导人就得想办法让他们喜欢工作、投入工作。要是员工对工作没有兴趣，哪来活力和动力呢？这里面有一个非常关键的先决条件，就是领导人自己要先有活力。要了解人们对工作是否充满活力，不难，单看他们工作的态度和神情就清楚。在工作中缺乏动力的人，他们的直属上司也同样没有干劲。反过来却未必如此，活力十足的上司未必有充满干劲的下属。

活力可分四种：身体活力、头脑活力、情感活力和精神活力。

领导人自己要先有活力。

活力可分四种：

- 身体活力
- 头脑活力
- 情感活力
- 精神活力

人们有多大活力，和自身的生命哲学，以及他们上司的活力水平息息相关。

- **身体活力**是一个人的体力，是人们日常生活的基本能源。一个人要是体力不济，除了头脑活力和情感活力会受影响，就连精神活力也不行。只要想到身体不舒服的时候，即便只是咳嗽、发烧，也会马上影响工作，还会变得脾气暴躁，而不仅仅是不想和人交谈。
- **头脑活力**是我们赖以组织日常生活、集中注意力的能量。它还反映出人们承受理性和感性压力的能耐。
- **情感活力**：吉姆·洛尔和东尼·史瓦兹在《用对能量，你就不会累》书里表示，要有最佳的工作表现，必须有愉快、积极的情绪，才能体验欢乐、挑战、冒险和把握机会。
- **精神活力**为我们生活中各个层面提供了行动的力量，是从人类深层本质中提取出来。这个深层本质是超越个人私利的价值观和对生命的目标。精神活力，可以是一个人想要留给后人的资产，可以是一个人想在一生中要完成的计划，又或者是一个人为了取悦神明的驱动力。秉持着深层价值所需的勇气和信念，辅以热情、承诺、正直和诚信，是燃起精神活力的重要力量。精神活力能够支撑一个人的思想、内心，点燃一个人生命中的热情，更能直接影响到一个人的头脑活力、情感活力，比一个人的身体活力，力量更大。

这一章我们对各种活力的讨论是重要的，因为人们有多大活力，就意味着在生活和工作里抱有多大的热情。而这个活力，和自身的生命哲学，以及他们上司的活力水平息息相关。

活力这样东西，是教不来的，要靠周遭的环境感染。活力有多旺盛，虽不是主管能简单规定或主导，却经常受主管本身的活力和激情程度影响。主管可以创造一个动力十足、活力四射的工作环境，但同样也能毁灭这一切。

要成功带动机构各部门协作，主管必须：

- 具备良好的沟通和游说技巧，为大家建立起和谐的关系；
- 攻克机构内部不同部门的隔阂；
- 确保各部门协作后，仍有各自的多元特性；
- 运用不同人才的力量，全方位解决某个课题。

协作

动员各员工以及各部门的协作非常重要。团队协作总比单个部门或个人的单打独斗，更有效力。

要成功带动机构各部门协作，主管必须具备良好的沟通和游说技巧，攻克内部不同部门的隔阂，为大家建立起和谐的关系；还要确保各部门协作后，仍有其各自的多元特性，以及运用不同人才的力量，全方位来解决某个课题。

主管经常想省时省事找个简单的办法解决问题。他们会告诉下属去把事情做好，去按一般工作的程序解决问题。其实，很多问题是很难用一般方式解决。有的时候，问题出在其他部门的同事不愿意配合。要求各部门协作之难，是因为各部门有各自的事项，大家都受事项的紧迫性束缚，有各自的考量。

解决这个问题，惟一的办法是让各部门的主管坐下来互相沟通、协调。只有各部门主管达成共识，下属才能互相合作，把事情做好。

可惜，这类扫除障碍，给下属铺平道路的工作，主管要不是忽略不顾，就是尽量不做。他们都想做“好人”，不想给其他主管添麻烦，却又指望下属自己去把事情搞定。这正是许多下属感到不满的主要原因，也由此认定自己的主管是懦弱无能、不负责任、不可理喻，对下属漠不关心。

壮胆

指主管鼓励下属放胆去尝试新事物，勇敢表达异议或把自己不清楚的事物问清楚。只有在主管能创建一个让员工自由创新、自由提出不同意见、自由犯错，并从错误中学习的环境，才达到“壮胆”的效果。

要一个机构有创意、肯创新，时刻不忘提升改进，需要有人勇于挑战现状，敢于尝试新事物，以新方法处理事务。

要一个机构有创意、肯创新，时刻不忘提升改进，需要有人勇于挑战现状，敢于尝试新事物，以新方法处理事务。

一个有活力的机构，需要勇气去接受新想法、去进行实验、去从失败中学习。可惜，情况经常因为主管“没有脑、没有心、没有胆”，导致变革无从开展：

- “**没有脑**”指上司不能、也不愿意去考虑任何不确定会成功的想法，哪怕这个想法值得去尝试。
- “**没有心**”指上司不在乎下属以及他人的感受，他们只关心能否达到自己要达到的目的，而且不择手段去达到目的。
- “**没有胆**”指上司没有勇气尝试新想法，也不准许下属去尝试，为的是不愿承担责任和后果。

宽恕

有卓越表现的机构，一方面要为员工壮胆，一方面也要宽恕员工。两者同样重要。

有句格言说：“要求批准不如要求宽恕。”要求上司批准某事，是把自身行为的责任和后果交到上司身上。事情搞砸了，是上司授权在先。

面对许多新奇和异常的处境，上司格外谨慎，本是无可厚非，而他们最简单的决定就是说一声“不”。一旦上司说出“不”字，就表示不要再指望以独树一帜的方式去想、去做。不过，要是你准备为自己的想法和行为承担责任，就应当坚持信念，勇敢去做。事情搞砸，就去请求上司原谅。

要求主管宽恕并不难。宽恕的出发点源于对员工品格的评估——“这名下属是否诚实？是否真诚？”至于要求批准，则涉及上司对整个企划的评估，并承担责任。

“要求批准不如要求宽恕。”要是你准备为自己的想法和行为承担责任，就应当坚持信念，勇敢去做。事情搞砸，就去请求上司原谅。

一方面鼓励员工放胆去做，做错的话，宽容地原谅他们原是出于一片好意，但同时要严格强调从错误汲取教训，并确保错误绝不再犯。

因此，一方面鼓励员工放胆去做，做错的话，宽容地原谅他们原是出于一片好意，但同时要严格强调从错误汲取教训，并确保错误绝不再犯。

总而言之……

GEESE（雁群）领导框架里的观点看似简单，却和其他事一样，做起来并不容易。

个人领导的魅力，以心为重。GEESE（雁群）领导框架，要求领导人必须有强烈的意愿，去协助下属呈现最佳状态，好让下属无论是个人还是全体，都能全力以赴为机构作出最大贡献。

挑战 十一

将心比心

母亲叫小女孩到商店去买东西。小女孩回家晚了，她本该在半小时前回来。

小女孩打开家门，走了进来。母亲问道："你去了哪儿？早该回来了。"

"对不起，妈妈。"小女孩说道，"我在回家的路上见到了隔壁的露西，她的娃娃坏了，不停地哭，我就留下来帮她的忙。"

母亲一脸茫然，露西的娃娃坏了，孩子究竟能帮露西什么忙？

"你帮她做了什么？"

"我在她的身边坐下，陪她一起哭。"小女孩答道。

从这个故事，我们至少可以学到三样东西。

首先，当一个人迟到，或是没有把事情办妥，不要马上就开骂教训他，先问问是什么原因，给他解释的机会，事情也许不是你想象中的那样，不要立刻下定论，要愿意去了解真相。

第二，乐意帮助别人，不管用什么方法，只要你力所能及就好。帮助别人会给你全新的快乐体验。快乐，是你给得起的；给人快乐后，你还拥有那份快乐。

第三，也是最重要的 —— 我们随时都可以去帮助他人。这不是金钱，也不是技能，这是你愿不愿意。这是一种我们对待他人的态度，在乎你有没有心，而不只是你有没有头脑。

想想那名小女孩，她帮到露西什么忙吗？说实在是没有的。她并没有帮忙修理娃娃，娃娃也没有修好，但是她做了更加难能可贵的事。她让朋友知道，她是真的关心她。朋友伤心难过，她也一样伤心难过。她选择在朋友伤心流泪时，留在朋友身边，陪伴她。

尽量去关心你的父母、孩子、朋友、同事，还有你周遭的人。尽力去协助他们解决问题。要是你力有不逮，帮不上实际的忙，那就陪在他们身边，关心他们的感受。

人家开心，就陪着一起开心；要是不开心，就陪着他们一起不开心，人们管这叫“将心比心”。“同理心”这个词太大了，我们从小处做起，表达你对他人的关心。能怎么帮，就怎么帮，哪怕只能陪他们一起哭。

结语

有时候，牧羊人不得不打断羊腿，狠狠地让羊只紧记这个惨痛教训。

牧羊人需要行使“严厉的爱”来约束羊群，因为他是保护人，是严格阻挡盗贼和捕食者来侵害的人。

羊儿要是走失了、掉队了，牧羊人必定用尽力气，把它找回来。每一次，他都会为找到迷途羔羊而兴奋。

是领导也是老师

有人问我，领导是什么样的人物？我认为一个很好的比喻就是牧羊人。

牧羊人

牧羊人，是引路人、供养人，也是保护人。羊群最清楚谁是自己的保护人，并紧紧跟着他。当然，牧羊人也对自己的羊群了若指掌。他引导羊群去吃草、喝水，也保护它们，避免它们受盗贼或捕食者侵害。

说起牧羊，我们眼前总会出现一幅浪漫景象：牧羊人肩上扛着一只小羊。我们因此认定那是牧羊人最喜爱的羊，有着特殊待遇，去哪儿都被牧羊人扛着。其实，我们可能有所不知，这只小羊被扛着到处走，极可能是因为腿断了，而且还是被牧羊人打断的。

情况是这样的。有些危险地方，是羊群不应该去的。有羊只不听话，身陷困境，牧羊人会用棍子（棍尾系上一个弯钩）来救它出来。牧羊人会用这个弯钩勾住羊的腿，将它拉出来。

可惜，有些羊只就是学不来或学得不够快，不断身陷险境。牧羊人这时候不得不打断羊腿，狠狠地让羊只紧记这个惨痛教训。牧羊人需要行使“严厉的爱”来约束羊群，因为他是保护人，是严格阻挡盗贼和捕食者来侵害的人。羊儿要是走失了、掉队了，牧羊人对一位优秀领导人的考验，并不仅仅是他在任上促成了什么好事；真正的考验，还在于他离任后留下了什么？他留下的资产能造就机构的永续成功以及前进发展吗？

尽管每个人的天赋不同，每个人还是能够凭着各自的努力，在各自的领域，按各自的水平，成为一名杰出的领袖。

必定用尽力气，把它找回来。每一次，他都会为找到迷途羔羊而兴奋。

牧羊人和一位好领导的实质的确很像。他们关爱羊群、下属，替他们引路，指导方向，供应他们所需，保护他们。可惜，不是很多上司能像牧羊人，而且这只是对一名领导人的最基本要求。

优秀的领导人是促成好事的人，因为事情是不会自然而然办好。一位好领导能够借助上司、同事，尤其是下属的力量，把事情做成。

不过，对一位优秀领导人的考验，并不仅仅是他在任上促成了什么好事；真正的考验，还在于他离任后留下了什么？他留下的资产能造就机构的永续成功以及前进发展吗？简单来说，一名领导人对机构最大的贡献，就看他离任后留下了什么。

这不表示领导人在位时的杰出表现不值一提，事实上，一个机构每时每刻都需要有出色表现。然而，随着时移势易，很多做法有了改变，这名领导人是否真正卓越，还取决于他是否能为机构及同事留下经得起时间考验的思维、信念和价值观。每个人都想成功，都希望对自己感到满意，也没有任何事情会比发现自己可以把事情做得那么完美、那么可以超越自身的限制去表现，感到兴奋。每当我们看见自己能够完成一项全新的任务，发现自己比想象中来得更出色，体会到原本对自己的认识是受了局限，这时，我们的生命就会突然变得动力十足、激情无限起来。

我们不断在找一位能让我们发现自我、超越自我，不断学习的上司，我们也不断在找一位能让我们成为领袖的领导人。尽管每个人的天赋不同，每个人还是能够凭着各自的努力，在各自的领域，按各自的水平，成为一名杰出的领袖。

一般人怀疑任务能否完成时，常会说当下需要“管理层有更多人参与”，或说管理层要“以身作则”。这么说时，他们显然对现有领导人的四个层次：

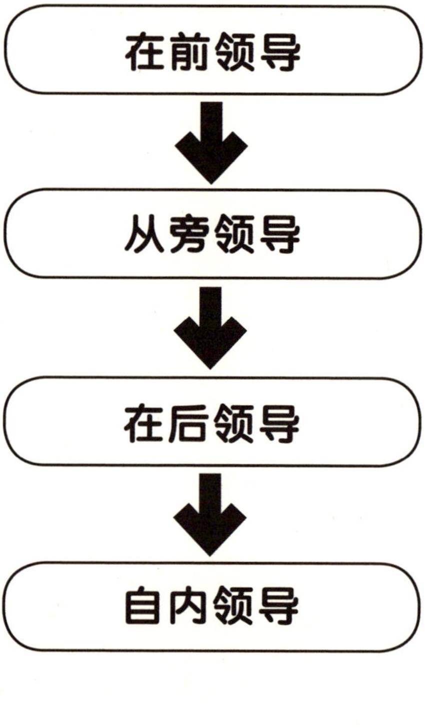

管理层有所不满，而言下之意，则是想在适当的时间，找到适合的机会，自己出任领导。

领导人的四个层次

领导一群人，这名领导人该置身何处？这是一个有趣的问题。我认为有四个层次：

- 在前领导
- 从旁领导
- 在后领导
- 自内领导

在前领导：这是多数人心中领导人的位置。被指派新职务时，这名领导人必须在众人前领导，展露自身的能力，做任何要求下属做的事。他有指导的能力，有体恤他人的同理心，对工作有激情和承诺。机构里的人都想看看这位新领导有多少斤两，这是很正常的。只有清楚了解了这位领导人，人们才会决定是否愿意追随他。

在前领导只是一个起点，不能开展这位领导人下一个层次的领导力量。在前领导的领导人并不是人们心中真正的领导。他们要的是一位能协助自己品尝成功滋味，能发挥自己潜能的领导人。

从旁领导：领导人赢得人们的信任和建立信誉后，就得思考从“在前领导”进阶到“从旁领导”，扮演引导者和旗手的角色，协助人们把事情做好，给予他们机会去尝试、学习和发现自己的潜能。更重要的是，给予人们亲自品尝收获成功滋味的机会。

领导人一方面坚持下属自己去学习，一方面则要时时守候在旁，帮助、指导、支持和守护他们。这样，下属才能自信地去表现，这样才能为新一代领袖建立起自尊和自信。

最顶级领导是“自内领导”式的领导。

它指的是领导人把价值观深植进新一代领袖心中，并把他们的能力、潜力、信心、正确态度，乃至思考方式，成功建立起来，成为一个上佳的新一代领袖，引领机构走向未来。

在后领导：从旁领导后，领导人要向“在后领导”前进。这个领导模式听起来古怪，却是培育新一代领袖建立自信的关键一步。

“在后领导”时代的下属，是独自处理所交托的工作，独自去摸索，沿途犯错。他们的领导人，并非消失，而是一直在旁监督，提醒下属注意潜在的困难和能让他们大吃一惊的新挑战。“在后领导”的特点是没有向下属下达按部就班的详细指示，而是协助他们探索前进的道路，在过程中协助他们自我成长，慢慢成为新一代的领袖。这个指导法，使新一代在路途中即便遇到挑战，也不会被轻易击垮。

自内领导：从“在前领导”，发展到“从旁领导”，再进入“在后领导”，层层深入，都为了使自己成为一个杰出的领导人，并同时培育下一代。然而，最顶级领导还是“自内领导”式的领导。它指的是领导人把价值观深植进新一代领袖心中，并把他们的能力、潜力、信心、正确态度，乃至思考方式，成功建立起来，成为一个上佳的新一代领袖，引领机构走向未来。

从在前领导，到从旁领导、在后领导，再到自内领导，这一进程或许可以简单描绘成以下过程：从“我做，你看”，到“我们一起做”，到“你做，我看”，再到“由你来做”。这个过程是最佳领导人给下属的最大恩惠。沿着这个思路，前面说领导人是牧羊人的比喻虽然没错，却有不足之处。到了此刻，我认为，应该把领导人视为导师，更为贴切。

领导人是导师

在第四章，我说，教师这一行业有它独到之处，使它有别于其他行业。

成功，对一名教师来说，是他或她所培养的人的成就，而非他或她自身的成就。

一位领导人如果认为自己的任务不仅仅是做好今天，还要创建未来，那他所扮演的角色，就是一位卓越超群的老师，时时以造就他人的成就为自己的首要责任。

教育和做其他工作的最大差别在于：学生越有成就，代表了老师取得的成就越大。但在一般办公室里，是爬得越高的人越成功，所以上司努力压制下属，一点也不稀奇。

对教师而言，成功的定义和其他行业有着天渊之别。成功，对一名教师来说，是他或她所培养的人的成就，而非他或她自身的成就。我非常崇敬终生献身教育的教师，对他们来说，担任教师并非一份工作，也非职业，而是光荣的使命、崇高的感召。

从事教育工作，是无比的荣幸，任重道远，更是一次空前的机遇，能为他人的生命造福。每当听到教师不说他是教科学、教数学或教文学，只是简单说："我教小朋友"，我都会被深深打动。

"塑造国家的未来"不是教育部的空洞口号，它真切反映了教师手中那强大的力量，他们的确能成就生命也能摧毁生命。

一位领导人如果认为自己的任务不仅仅是做好今天，还要创建未来，那他对国家的最大贡献就等同于一位教师：他要去发掘下属的潜能、认可下属的努力，鼓动开创新思潮、精益求精，不断协助机构和下属发挥潜力，臻于至善。因此，一位领导人所扮演的角色，就是一位卓越超群的老师，时时以造就他人的成就为自己的首要责任。

过去30多年，我曾在不少机构（主要是新加坡的政府部门）担任要职。我把所学到的，所认知的，身为领导人的学问一一记下。

本书集中谈人，虽然是我在政府部门工作时候的想法和做法，我相信在私人领域和社区服务领域（其他文献称作"第三领域"）同样适用，对个人和家庭也有可取之处。

纵观我的各项职务，我发现不管什么地方的人都大同小异：他们渴望成功、渴望对自己感到满意，想要有自信，想要为各自的机构作出贡献。他们所期盼的领导人，是有远见、有实力、能谅解、

“太上，不知有之；其次，亲而誉之；其次，畏之；其次，侮之；信不足焉，有不信焉。悠兮其贵言。功成、事遂，百姓皆谓：‘我自然。’”

——老子

有同理心，还要活力十足、勇敢无畏。更重要的是，这位领导人以培育下属做到最好，帮助下属竭尽所能，走得更远为目标。

人们会怀疑：“哪有这种无私忘我的领导人？”这个问题，我们要从内心深处的动机谈起，领导其实就是一门“心”的学问。中国古代哲学家老子提出优秀领导人所面对的挑战，是在于协助他人成长，甚至到了人们全然不知领导人究竟付出了什么的境地。他说：“太上，不知有之；其次，亲而誉之；其次，畏之；其次，侮之；信不足焉，有不信焉。悠兮其贵言。功成、事遂，百姓皆谓：‘我自然。’”

意思是说：“最高境界的领导人，人民并不知道他的存在；次一等的，人民亲近他并且称赞他；再次一等的，人民畏惧他；更次一等的，人民轻蔑他。领导人的诚信不足，人民才不相信他，最好的领导人总是那样悠悠自然，清静无为，不肯轻率发号施令。事情大功告成之后，百姓都认为是自然而然的事，说：‘我们本来就是这样嘛！’”

你要当怎样的领导人呢？请明智选择。

挑战 十二

相信总有更好的办法

一个双目失明的小男孩，坐在大楼外的台阶上，脚边放着一顶帽子，手上拿着一块纸板，上面写着："我的眼睛看不见，请帮忙。"

帽子里，只有寥寥几个硬币。这时，一个男人走过来，从口袋里拿出几枚硬币，投进帽子里。接着，他拿起纸板，把它翻过来，在另一面写了几个字。他把纸板放下来，让每个路人都能看见自己刚刚写的几个字。

帽子不一会就塞满了钱，好像突然许多人对这个小男孩动了怜悯之心。

当天下午，那个修改了纸板的男人回来，想看看情况有什么变化。小男孩认出了他的脚步声，问道："今天早上是你改写了我的纸板，对吗？你在上面写了什么？"

男人答道："我只是写了事实。我写的和你写的一样，只不过换了一种写法。"

这个男人写的是："多么美丽的一天，我却看不见。"

你认为第一次的文字和第二次的文字都在说同一件事情吗？当然，它们都告诉大家小男孩是个瞎子。

第一次的文字，是请人们把钱投进帽子里；第二次的文字，则表示大家都能看见这么美丽的一天，自己却因为眼睛瞎了，无法享受这么简单的美。

第一次的文字，仅仅在说小男孩是瞎子；第二次的文字则告诉众人他们不是瞎子，是多么的幸福。第二次文字所产生的效应是巨大的。

从这个小故事，我们可以得到至少两个启示。

第一：要心存感恩，对自己所有感到满足。有人比你贫乏，要是你力所能及，就去帮助他们。

第二：要有创意，要敢于创新！换个方式想想，总会有更好的办法。

就如苹果公司1997年的广告《不同凡响》所说："只有那些疯狂到以为自己能够改变世界的人，才能真正改变世界。"

附 录

寒门出贵子

——林祥源的故事

潘星华

卓越的公务员

今年66岁的林祥源，目前是新加坡政府投资公司的集团总裁，这家公司是替新加坡政府管理超过1000亿美元外汇储备的基金经理。有研究机构估计，新加坡政府投资公司管理的资产接近3000亿美元，是世界第七大国家财富基金。

2006年10月至2009年6月，林祥源是新加坡经济发展局主席，经济发展局是负责为新加坡政府吸引外资的重要机构。在2007年和2008年，经济发展局曾为新加坡取得外国投资承诺超过新币172亿元（约138亿美元）和180亿元（约144亿美元）。其中最为人津津乐道的是2007年11月，林祥源成功击败拥有宽体飞机制造基地的美国，赢得世界主要飞机引擎制造商，英国罗尔斯罗伊斯（Rolls Royce）在新加坡设立该公司在英国以外的第二个飞机引擎工厂，这也是该公司在亚洲首个大型飞机引擎工厂。这项投资额达新币3亿2000万元（约2亿5520万美元）的项目，是新加坡宇航业最大的单一投资项目。工厂每年可以生产400个飞机引擎，每个引擎订价是1500万美元至2000万美元。

1999年9月至2005年3月，林祥源是新加坡公务员首长，为新加坡政府部门进行了大规模的政策和制度改革。教育部长王瑞杰最近透露，至今政府部门拟定政策时，有采取以价值观为重的手法，高官不时还会说“这很LSG（林祥源）嘛！”

新加坡宏茂桥集选区议员殷吉星2005年初在国会发言，特别提到公务员那种“政府什么都懂”的心态改变了。

2003年，他在美国探访10个年轻有为的新加坡企业家时，竟然没有人打算回新加坡发展，他们不相信自己回国后会有立足之地。在充满机遇的美国生活后，他们甚至认为回新加坡是一个错误决定。殷吉星同意公务员墨守陈规，任何想法只要不是源自政府，不是由政府推动，都不是什么好主意。这是政府公务员对企业家独树一帜的想法一般的态度。

不过，两年后，他发现情况改变了。他发现政府有了某些政策行不通时就“急转弯”的现象。在制定和调整政策方面，政府改变了不信任私人企业和人民的心态，还邀请适当的私人企业人选协助政府制定政策。重大政策推出前，经常都会主动邀请公众给予意见。一个例子是经济检讨委员会的成立，政府广邀各阶层的国人彻底检讨经济政策，并提出革命性的改革建议。

他特别提到林祥源说：“在政府内部也存在自我审视的机制，比如公务员首长林祥源领导的亲商小组就检讨各个政府部门的既定政策，促使公务员改变旧想法，接受新点子。”

1994年6月林祥源出任总理公署常任秘书（公共服务署），致力把全面评估公务员潜力与表现的人事机制制度化，以便提升公务员办事的效率和效力。他大力推动的“PS21”（21世纪的公共服务）运动，全方位促进政府部门追求卓越，精益求精，就引起了很大反响。1995年副总理李显龙特别提到了：“政府所进行的根本改革，是为了开放过于集中及刻板的人事管理制度，以应付21世纪所可能出现的新局面。”

他说：“公务员无论有多能干，如果没有部长的明确领导和政治上的引导，都将无法适当地执行他们的任务。同样的，部长只有得到公务员的大力支持，才能把工作做好。否则，部长空有理想的战略方向，构划出梦幻般的蓝图，但什么也实现不了。”

李显龙指出公务员在新加坡的政府制度中扮演重要的角色，由于部长有较多的公开活动，造成民众只注意部长所扮演的角色，而低估了杰出公务员的重要性。

林祥源，这位“不能被低估的杰出公务员”能够协助部长落实梦幻般的蓝图，能够协助8万名公务员勇于破格、承担风险，还能够协助国家建立国际名声，后来获得政府颁发的国家最高荣誉奖章——尼拉乌达玛勋章。用古代的标准来说，林祥源算是将相了。将相有种吗？对林祥源来说，没有。

“寒门出贵子”的林祥源，是新加坡人引以为豪的“新加坡故事”。

家教严格

林祥源父亲林德成是德士（出租车）司机，母亲杨玛丽是教师。父亲从中国南来谋生，和当管工的未来岳父认识后，不久成为他的女婿。林祥源自小和20名亲戚同住，在实龙岗上段租赁的战前大杂院里成长。

他说：“父亲只在中国受过教育，程度也许不高，但是他非常用心自习学英文，是个能把整本字典背下来的人。父亲驾德士，什么方言都会说。外公是土生华人，所以我们家交谈以马来话和英语为主。

“同住还有两个阿姨的家庭，一位姨丈驾巴士，另一位姨丈驾货车。这样的群居生活，既锻炼了我的耐心，也让我不会被溺爱。

家里经济拮据，一年我们小孩子只在圣诞节和过农历新年有两套新衣服穿。”

父亲平日忙着工作，很少在家，却不时在放学时刻，到学校门口去接载林祥源，让他惊喜。他说：“每两个星期，总有一天父亲会突然在校门口出现，接我回家，让我很开心，这就是父亲爱孩子的方式，我还有三个妹妹。父亲偶而会买好吃的东西回家，一家人享用。他常常要我们注意健康，说健康胜过财富。遗憾的是，父亲很年轻就过世了，去世时才52岁。”

他特别记得父亲在他中学二年级，送了戴尔·卡耐基撰写的《如何赢得友谊与影响他人》的书给他。这本书让他深受启发。从此，他学会通过行动来赢得老师和同学的信任。最重要的，是学会了设身处地，为他人着想，从别人的视角去看事情，想着自己应该怎样帮其他人把事情做得更好。帮助别人，一直让他感觉很好、很有满足感。

中学加入少年旅所受的训练，也使他获益良深。少年旅以“促进服从、虔诚、纪律、自爱等良好行为，以导向真正的基督人格”为培训目标。在少年旅，他是乐队的队长，也是一名鼓手，曾取得当时少年旅的最高等级——上士。参加这个团体，锻炼了他的领导力和组织能力。

聪明的他，解释自己从来没有自高自大的原因。

他说：“凭什么我要骄傲呢？身为少年旅的队长，我需要全队人的合作，每个星期六回学校练习和准备，才能把表演呈献好。我是多么需要他们，哪能不协助他们去把事情做好呢？”

林祥源从小到大没有补习的“奢华”。父母亲只要求他读书“尽力就好”，所以他读书从来都是快快乐乐，没有压力。碰到成绩偶而考得不好，心里极为沮丧，父亲从不会怪责他，有时还会带一家人到海边野餐，让紧张读书的孩子们轻松一下。

母亲是教师，在林祥源出生不久，就和儿子一起受洗成为基督徒，父亲则在很多年后才成为基督徒。所以，从小每个星期天，林祥源去教堂上主日学，从小就明白只能做好的事和做对的事。

林祥源说："我们的教会是卫理公会。小时候我随着母亲在巴耶利峇美以美下午学校读书，母亲在学校和在家里都很严格，她要我凡事都要尽力而为。母亲很勤奋，学生都很尊敬她，也很怕她，她在学校是一位很受尊重的老师，每个人都称呼她林玛丽夫人。巴耶利峇美以美上午学校是女校，下午学校是男校。我在全校转成女校前，很感恩有牧师推荐，转去卫理公会属下的英华学校读书。"

巴耶利峇美以美下午学校的程度和英华学校有一段距离，林祥源小五转校后，发现自己的成绩竟然落在班里后头，不过，这并没有给他太大的压力。他说："父母亲只要我尽力就好，所以我并没有因此感到恐慌。"

英华学校如今已被社会人士视作一所贵族学校，但是林祥源并不这么想。他说："那时候我完全没有这是一所有钱人学校的感觉，我和同学都相处得很好。也许同学们后来事业都很成功，才变富裕了，当时却不是那样。"

出国留学

林祥源是到了中三，成绩才挤进了三甲。到了中四，已经名列前茅。不过，即便是优秀生，他从来没有听说有人像现在那样，考到8科A1、9科A1、10科A1，甚至11科A1。

他说："当时我们中学考8科，已经很好。O水准会考能够考到6科A1，已经是状元了。当时很少人满分，不像现在高中A水准会考，每年竟然有2000名学生考到4科主修A。我们当时考到4科主修A的学生，经常都少过10人，或甚至少过5人。"

因为深明只有考取奖学金才有机会上大学，在高中时期，他每一样功课都做得好，考试成绩也很好。这让他高中毕业，顺利申请到哥伦坡计划奖学金到澳大利亚的阿德莱德大学读机械工程。

他说："我们一群人是1965年2月就到澳大利亚，去之前，连到澳大利亚哪所大学读书也不知道。澳大利亚政府也许对我们的英文能力没有把握，要我们早一点去把英文学好。我们先到悉尼学习两个星期，我后来才知道是进阿德莱德的大学。到了外国很多东西要学，例如上厕所是坐在马桶上，而不是蹲在马桶上，等等，都要学。"

林祥源再获相等于今天总统奖学金的"元首奖学金"，是到了澳大利亚才接到通知，由母亲代他去领奖。

当时因为新加坡还没有独立，没有总统，所以还不称"总统奖学金"。根据1965年5月16日《南洋商报》报道，这项"元首奖学金"，是1964年颁发，替代原来的"新加坡自治邦奖学金"。以元首命名，是为了彰显它是由一个州所颁发的最高水平奖学金，受奖者享受到跟过去殖民地时代女皇奖学金同等的荣誉地位。

谈到今天奖学金得主的遴选要求似乎不及从前严格，林祥源说："我不能说当年奖学金得主的素质比今天好，也许当时奖学金的数量比今天少很多，给了人今天奖学金得主的素质不及从前的印象。我认为最大的差距，还是奖学金得奖人的背景不一样。那时候，大部分奖学金得主都来自低收入的家庭，现在已经不同。"

获伟大导师指点

谈到在事业的起点，能够获得伟大导师——新加坡建国总理李光耀先生和首任第一副总理吴庆瑞博士指导，林祥源认为是很幸运的事。

他说："两位导师都是敢于大胆作决策的战略思想家。面对全新的挑战，有些领导人不能把握好时机，及时作出决定，但是李先生和吴博士远比他们高明。挑战迎面而来，他们绝不回避，总是站在最前线去战斗。在这样的领导人手下工作，是让人非常有满足感的。他们敢于作出艰难的决定，同时，也敢于任用像我这样的人去解决棘手的难题。假如上司不给我机会去成长，去尝试新的想法，我肯定会非常沮丧，非常有挫败感。幸好在他们手下工作，完全没有这个问题。我们大家各忙各的，却有办法迸发出火花、取得杰出的成绩。

"新加坡建国总理李光耀先生是一位伟大的导师。各大小会议，即使和我的工作没有直接联系，他都要我参加。他这么做，是为了拓展我对事物的了解，懂得怎样处理日后遇上的难题。他也尽心尽力向我解释政策，好让我对政策有完全的理解，明白政策制订时的考量，让我茅塞顿开。他让我知道，在培育下一代领导人时，要本着全力以赴的精神，让他们充分了解政策的含义，以及过去的各种困难，更要教会他们依据环境条件的不断变化，对政策进行调整变革。"

是领导也是老师

林祥源的母亲、妻子和一位妹妹都是教师。从他们身上，他发现教师是以学生的成就来界定自己的成就，他们希望每名学生竭尽所能，臻于至善。每当学生取得远比自己优秀的成就，就如华人说"青出于蓝而胜于蓝"时，他们会雀跃万分。教师要协助人尽量发挥潜能的愿望，这种非比寻常、无私而崇高的心志，是当领导人应该有的。

他说："领导人待人的态度，也要像教师那样，要有学生成就超越自己越远，自己的成就越大的心态。我坚信一名伟大的领袖，必定是位导师，热衷于协助下属臻于至善，不遗余力地帮助下属精益求精，让下属变得更加能干，贡献更多。这对他个人、事业而言，都是件好事。我同意并非所有教师都是好的领导人，否则国家领袖都是教师了。身为领导人不能只是教，还要具备引导的能力，有一颗同理他人的心。面对严苛挑战，更要成为榜样，掌握能促成一群人协作的组织能力，同时还要有自信和勇气，去为人们壮胆，让他们自己去尝试。不少教师，并不具备这样的领导能力。"

不断反思还要牢牢把握机会

林祥源不认为自己是总能发现问题的聪明人，他只承认自己是一个愿意倾听机构里每个人心声的人。

他说："不论去到哪里，我都希望把机构里的成员培养起来，去协助他们每个人做到最好。刚到新岗位，我总会不论等级高低，问遍每一个同事，有什么事是他们认为不应该再继续做的？有什么事是应该开展的？这么一来，我就能很快知道，机构里面有什么地方需要改进。因为不管在什么地方，大多数的人都想把事情做好，这是不争的事实。一旦确定了问题所在，我就可以时刻想着怎样帮忙同事解决问题，还有什么更好的事可做等等。因此，我认为自己更像一个发起、辅助人的人，而不是所有绝妙点子的源头。同时，我也不是自己去解决问题，而是找了解问题的人去解决问题。而倘若没有把所有能做得更好的点子试遍，我是不会罢手的。

"正因为我无时无刻都想着把事情做好，精益求精，任何机会降临时，我都会牢牢把握，务求每件事都臻于至善。每当妥当完成一件事，那种满足感不是笔墨所能形容。过去，我从未想过自己能做这么多，机会就是不断找上我。我想，也许是我做每件事都全情投入，大家因此都信任我，认定我能处理更具挑战的事情，因此，机会才会接踵而来，有时甚至是一同找上我。”

采访后记

那天去新加坡政府投资公司采访林祥源，情景是让我感动的。

原本我们约下午1时见面，后来他女儿林华敏来电说时间要挪后一小时，我当然没有问题。我原以为他们是午餐约会未完，才挪后时间。没有想到，当我们到达会客室，只见林华敏买好两个盒饭，等着和父亲同吃。显然林祥源中午正忙着工作，连饭也没有时间吃。林华敏客气地跟我说：“不要紧，我们边吃边聊。”我说：“不紧张，您们吃好，我们再进来谈。”不久，只见林祥源低着头，匆匆赶到，随即进入会客室草草把饭吃完，填饱肚子，就以阳光似的笑容，迎接我们进去。

我在一星期前把所问的题目传给林祥源，立刻接到他的回邮说，为节省时间，他先以书面回复我，到时再详谈。作为一个有30年采访经验，曾经访问过无数名人的记者，他是第一位能如此照顾记者、为记者着想的受访者。而且，即便“为了节省时间”，先行书面回答，面谈时，他仍然照原定计划，给了我两个小时。

访问全程，他笑容满面，对我很多属于“隐私”性质，刨根问底的问题，他一一爽快作答。他这种亲民和祥，待人以诚的态度，立刻让我想起他在书里面谈到最理想的主管，所必须具备“指导（Guide）、同理心（Empathise）、激励（Energise）、协作（Synergise）、壮胆（Embolden）”等五个“雁群（GEESE）”要素。他身体力行，实践自己所信仰的理论：“我怎样能帮你把事情做到最好？”

37年公务员生涯，所到之处，都掀起改革之风。身为公务员首长期间，他推出的改革，真可谓拳拳到肉。

2000年，为强调政府部门改善企业环境的决心，他推出的“企业网络快速行动组”是“誓愿帮助你们清除所有不必要的繁文缛节”行动小组。任何公务员能使政府接受他提呈的删改繁文缛节的建议，每月可有一人获得新币1000元（约800美元）。

为了加快协助新经济时代的企业，他领导的部门检讨各种法律条文，修改和调整一些措施，以否定文的形式来制定法律条文，即只规定“什么不可做”，从而腾出“可做”的空间，让企业去尽量发挥。他还建议最好所有条例都有失效期，以强迫各部门经常检讨条例的时效。

这项为了鼓励公务员大胆提创新点子的拨款，达到新币1000万元（约800万美元），包括为每个政府部门添设一位创新总管，让每个政府部门都最少有一人随时随地在问“我们该怎样培养创新精神来以不同的方式办事？”

2001年，他为设立这个“创新总管”新职解释说：“我们应该问自己，现在是100个不同政府机构在为人民服务呢？还是一整个政府在为人民服务？如果能做到后者，那我们肯定能够为人民提供以顾客为中心的服务，与人民有更好的交流。”

他认为只有对现状感到不满意，这样，改进、发明和创意才由此而生。他要求公务员千万不要对现状感到满意，否则没有办法看出该怎样做才能更好。

2003年，有一个“创业行动社团”还向公众进行调查，根据政府部门对公众和企业要求或建议反应的快慢和灵活性列出排名榜，以此来促进政府机构自动自发，减少繁文缛节，更亲企业发展。

这个小组组长丹尼尔说：“我们这样做不是要让任何人难堪，而是要表扬反应行动迅速和灵活的政府部门。”

林祥源还有一件英勇果断事迹值得一提。

那是1991年3月26日晚上9时50分发生在新加坡樟宜机场的惊险一幕。那天，有四人骑劫从吉隆坡飞往新加坡的新航SQ117班机。惊心动魄的这一幕，在翌日清晨，由政府一组高级官员决定派出特别行动突击队员潜入客机，于30秒内成功击毙骑劫者，还救活所有乘客告终！

林祥源时任国防部常任秘书，他于2010年接受《公共服务50年专刊》访问时描述，这四名骑劫者要求释放他们在巴基斯坦人民党的同胞，其中包括巴基斯坦原总理贝娜姬的丈夫。

处理劫机事件的专案小组，名为“执行小组”，是由一组专门应付突发危机的高级公务员组成。小组平日由内政部常任秘书陈振忠为首，那天刚巧他在国外，重任就交由林祥源主持大局。当时，内政部长贾古玛教授和国防部长杨林丰博士都赶到机场，他们和林祥源、三军总长黄维彬在一起，寻求对策，当时大家都认为最重要是维护机上乘客的安全。

被骑劫的飞机在樟宜机场降落后，骑劫者要求和新加坡的巴基斯坦大使谈判，并要求让飞机加油，可以开到澳大利亚、伊拉克或利比亚去。数小时后，骑劫者见巴基斯坦政府未做出妥协，先后将两名空中少爷推出机舱泄愤。

清晨6时43分，林祥源和三军总长黄维彬向贾古玛和杨林丰报告，事件已经接近危险状态。骑劫者开始出现暴力倾向，他们把烈酒洒在机师座舱，并恫言将每10分钟杀掉机上一人。

林祥源眼见情况紧急，要求部长批准采取雷厉行动，在短短3分钟内经杨林丰同意。贾古玛询问黄维彬，他的人员是否已作好准备？在获得肯定的答案后，贾古玛下令采取行动，决定派出特别行动突击队解救乘客。

突击队员潜入客机，30秒内不但成功击毙骑劫者，还救活所有乘客！

上午7点，在林祥源领导的“执行小组”谨慎而果敢的处理下，一场灾难顿时化解，劫机事件顺利结束。

这样的突发事件，经常以不同的形式出现。处理不当，只会招来祸害，这是林祥源为何永远要公务员及时为明天做好准备的原因。

作者为本书译者、潘星华教育工作室创办人。

一位校长眼中的林祥源

冯焕好

当华文老师的二十多年，我对于上级的指示或命令，绝对遵从，以为不可违抗。直到1997年去达善中学当校长，才知道教育部允许下情上达。因为同年来了一位新常任秘书林祥源先生，他知识广博，善于聆听，睿智灵敏，办事果断高效，改变了当时的工作文化，令人折服。

1997年至1999年他在任期间，有三件事使我铭感于心。

第一件是他上任不久，给校长们发了一封电邮，详情我记不清。只记得他吁请我们通过电邮对各种政策或指示迅速反应。看完后我即时告诉林先生，我的学校在一间破旧的校舍，只有一台电脑在教员室，上下午班几十位老师挤在一室，轮流使用电脑，我不能经常占用，怎能给总部来函立即反应呢？没想到第二天林先生给我回邮，说已交代人到我家装置与教育部总部链接的功能器，让我在家里也可以查看教育部的电邮。如此快速解决我的难题，教我怎敢怠懈？

1998年3月，学校收到教育部人事部发来教师擢升名单。我十分惊讶看到B主任获升，A主任却没有。论教学年资、工作质量、表现和绩评，A主任都在B主任之上。我还向前任校长证实他过去给A主任的绩评高于B主任。于是我问督学，可有办法查实。他说人事部自有标准，我们无法追究。我打电话问人事部，对方说有一定条规，无法奉告。正感到愤愤不平时，我又想起林先生，便大胆写电邮给他，列明事实，请他核查。当天傍晚，我就接到他的电邮说如果这是教育部的错误，会立刻纠正。第二天，人事部打电话给我说A主任的确应该得到擢升。这让我既感激又感动，林先生仿佛是我心中的包青天。

1999年，教育部选择达善中学为推行“学习型组织”计划的试点学校。半年后，我和主任到总部汇报实施过程。听完汇报后，林先生问我的主任，如果换了校长，这样的计划还能继续吗？主任回答说，希望校长不会这么快被调走。当时，我借机表达校长不应该在四五年就被调动的意见，显然和林先生当时推行的策略有异。可是林先生听了我的意见，并没有据理力争，为政策辩护，他只是对我报以微笑。他的反应，又让我感到他的气度。

作者为达善中学原校长、南洋初级学院原院长。